Mathias Bröckers

Die Rückkehr nach Eleusis

Mathias Bröckers

Die Rückkehr nach Eleusis

Psychedelische Mysterien der Antike

NACHTSCHATTEN VERLAG

Impressum

Mathias Bröckers
Die Rückkehr nach Eleusis

Nachtschatten Verlag AG
Kronengasse 11
CH-4500 Solothurn
Tel: 0041 32 621 89 49
Fax: 0041 32 621 89 47
info@nachtschatten.ch
www.nachtschatten.ch

Der Nachtschatten Verlag wird vom Bundesamt für Kultur mit einem Strukturbeitrag für die Jahre 2021 – 2025 unterstützt.

Umschlaggestaltung: Nina Seiler, Zürich

Redaktion und Lektorat: Markus Berger, Felsberg
Korrektorat: Jutta Berger, Felsberg

Layout: Janine Warmbier, Hamburg; Mitarbeit: Nina Seiler

Druck: Druckerei und Verlag Steinmeier, Deiningen
Printed in Germany

ISBN: 978-3-03788-476-8

Inhalt

Triptolemos zwischen Demeter (l.) und Persephone (Votivrelief aus Eleusis, um 440–430 v. Chr., Archäologisches Nationalmuseum Athen).

Die Rückkehr nach Eleusis

Das Mysterium von Eleusis war eines der bestgehüteten Geheimnisse der Antike. Fast zwei Jahrtausende lang, bis zur Zerstörung des Tempels durch christliche Barbaren im 4. Jahrhundert, zogen Wallfahrer jedes Jahr im September auf der Heiligen Straße von Athen nach Eleusis, fasteten und umtanzten den der Göttin Demeter geweihten Brunnen im Vorhof des Heiligtums. Die Nacht verbrachten sie in der Mysterienhalle, einem großen fensterlosen Saal. Priester bereiteten einen »heiligen Trank«, den *Kykeon*, den die Teilnehmer gemeinsam zu sich nahmen – und dann geschah es. Eine so unmittelbare und unaussprechliche Erfahrung, dass sie nur »geschaut«, aber nicht ausgesprochen werden durfte – bei strengen Strafen war es verboten, über das Erlebte zu berichten. Über zwei Jahrtausende haben sich die in Eleusis Initiierten daran gehalten, die Philosophen Sokrates, Platon und Aristoteles, der Tragödienautor Sophokles – sie waren, wie alle Griechisch sprechenden Menschen ihrer Zeit, mindestens einmal im Leben nach Eleusis gepilgert. Sophokles schreibt: »Dreifach glücklich sind jene unter den Sterblichen, die, nachdem sie diese Riten gesehen, zum Hades schreiten; ihnen allein ist dort wahres Leben vergönnt.«

Ehrfurchtgebietende, dunkle Äußerungen wie diese liegen in großer Zahl vor, doch was sie rechtfertigte, welche Offenbarung die Teilnehmer derart überwältigte, dass sie selbst den Tod für überwunden glaubten – dieses Geheimnis blieb auch nach dem endgültigen Niedergang der athenischen Kultur im vierten nachchristlichen Jahrhundert verborgen. Selbst römische Kaiser wie Marc Aurel und Hadrian, die zu den Eingeweihten zählten, hielten sich an das Schweigegebot, und von Cicero, der nach Eleusis gepilgert war, ist gleichfalls nur ein raunendes Zeugnis überliefert: »Nicht nur haben wir dort den Grund erhalten, dass wir in Freude leben, sondern auch dazu, dass wir mit besserer Hoffnung sterben.« Tausende von Büchern über die Mythologie Griechenlands wurden seitdem geschrieben, hunderte von Abhandlungen über die eminente Bedeutung der dionysischen Kultur und der eleusinischen Riten verfasst – doch was im Zentrum dieses Mysteriums stand, blieb bis in unsere Tage ein Rätsel.[1]

Erst Ende der 1970er Jahre gelang es in interdisziplinärer Zusammenarbeit, eine plausible Hypothese aufzustellen: Der Bankier und Ethnobotaniker Gordon Wasson, der Pharmakologe und Chemiker Albert Hofmann und der Altertumsforscher Carl A.P. Ruck vermuteten, dass der »heilige Trank« *Kykeon* eine Zubereitung aus einem halluzinogenen Pilz sein könnte. Und zwar aus *Claviceps purpurea*, der im Deutschen »Mutterkorn« genannt wird und als Schmarotzer auf Gerste und Roggen sowie auf anderen Getreidearten wächst; auch die verwandte Art *Claviceps paspali* käme in Frage. Die Pilze enthalten unter anderem chemische Vorläufer des LSD, des stärksten bekannten Psychedelikums, das Albert Hofmann 1943 zufällig entdeckt hatte, als er mit den Alkaloiden des Mutterkorns experimentierte. In ihrer Studie »Der Weg nach Eleusis« weisen die Autoren nicht nur darauf hin, dass die gewaltige visionäre Wirkkraft des *Kykeons* in Eleusis höchstwahrscheinlich auf ebendieses Mutterkorn zurückzuführen ist, sie belegen auch, wie eng dieser Pilz mit dem Mythos der Demeter, der Erdgöttin, verflochten ist.

»Jedes Jahr wandelten neue Kandidaten für die Initiation auf jener Heiligen Straße nach Eleusis, Menschen aller Klassen, Herrscher und Prostituierte, Sklaven und Freie. Jeder Schritt auf dem Weg erinnerte an den Aspekt eines alten Mythos, der erzählte, wie die Erdmutter, die Göttin Demeter, ihre einzige Tochter verloren hatte, die beim

[1] Vgl. zum Beispiel U.v. WILAMOWITZ-MOELLENDORF: *Der Glaube der Hellenen* (1931/1932), E.R. DOODS: *The Creeks and the Irrational* (1951), K. KERENY: *Die Mysterien von Eleusis* (1962), ders.: *Die Mythen der Griechen* (1969)

Ruinen von Eleusis

Demeter und Kore (Persephone), Marmorrelief,
500–475 v. Chr., Archäologisches Museum von Eleusis

Blumenpflücken von ihrem Bräutigam, dem Herrn des Todes, geraubt worden war. Wenn die Pilger in Eleusis ankamen, tanzten sie bis tief in die Nacht bei dem Brunnen, an dem Demeter um ihre verlorene Persephone geweint hatte. Sie tanzten zu Ehren dieser beiden Göttinen und ihres geheimnisvollen Gatten Dionysos. Dann durchschritten sie die Tore in den Festungsmauern, hinter denen, abgeschirmt von profanen Blicken, das große Mysterium von Eleusis stattfand. Die antiken Schriftsteller geben einmütig an, dass im großen ›Telesterion‹, der Initiationshalle im Inneren des Heiligtums, etwas zu sehen war. So viel durften sie immerhin sagen. Die Halle war jedoch, wie man heute anhand archäologischer Reste rekonstruieren kann, völlig ungeeignet für Theateraufführungen. Was man dort zu sehen bekam, war kein Spiel von Schauspielern, sondern in Platons Worten, ›phantasmata‹, eine Reihe geisterhafter Erscheinungen. Selbst ein Dichter konnte nur sagen, er habe den ›Beginn und das Ende des Lebens gesehen und erkannt, dass sie eins seien‹.[2]

Ähnlich ehrfürchtiges Stammeln erlebte Gordon Wasson in den 50er Jahren, als er die religiösen Rituale mexikanischer Indianer erforschte. Im Mittelpunkt ihres Kults steht die Einnahme eines als heilig verehrten Pilzes, dessen halluzinogener Wirkstoff Psilocybin eng mit dem des Mutterkorns verwandt ist. Ähnlich wie das Meskalin des

---

2 Albert HOFMANN, Gordon WASSON, Carl A.P. RUCK: *Der Weg nach Eleusis – Das Geheimnis der Mysterien* (1984). Die folgenden Zitate zu Eleusis stammen, wo nicht anders belegt, aus diesem Buch. Gordon Wasson und seine Frau Valentina haben seit den 50er Jahren die »magischen Pilze« erforscht und sorgten mit ihrer Veröffentlichung im Life-Magazin (*Seeking the Magic Mushroom*, 13. Mai 1957) für die Popularisierung des Themas. In weiteren Arbeiten haben die Wassons unter anderem den schamanistischen Pilzgebrauch in Sibirien – *Mushrooms, Russia, History* (1957) – und Indien untersucht: *Soma, the Divine Mushroom of Immortality* (1968), *Persephones Quest – Entheogens and the Origin of Religion* (1986). Neben den Wassons ist es vor allem der Harvard-Botaniker Richard Evans Schultes, dessen beispielhafte Feldforschungen über den Peyote-Kaktus (*Lophophora williamsii*) und den heiligen Pilz der Azteken (*Psilocybe mexicana*) eine ganze Generation von Ethnobotanikern inspirierte. Vgl. R.E. SCHULTES/A. HOFMANN: *Pflanzen der Götter* (1980).

Peyote-Kaktus, den andere mexikanische Stämme als sakrale Droge verwenden, und der Wirkstoff des Fliegenpilzes, dem »Soma« der archaischen Priester-Schamanen in Sibirien und Indien. Die übereinstimmenden Berichte, auf die der Pilz-Ethnologe Wasson bei diesen Völkern stieß – der Pilz als »Draht« zur Kommunikation mit dem Übernatürlichen –, ließen ihn schon damals vermuten, dass auch das klassische Griechenland in seiner rituellen Festung Eleusis halluzinogene Drogen verwendete. Doch die Altertumsforscher, die er daraufhin ansprach, taten seine Vermutung als völligen Unsinn ab. Das »Gesehene«, von dem die Initiierten berichten, hielten sie für kultische Gegenstände, den »heiligen Trank« für Wein: Nach herrschender Meinung wurde den Pilgern in Eleusis eine sakrale Theateraufführung zuteil, eine Art Oberammergau antik. Selbst wenn ein einfacher griechischer Hirte durch ein solches Mysterienspiel und einen Schluck Wein durchaus zu beeindrucken gewesen sein mag, dürften städtische Intellektuelle wie Platon und Cicero davon kaum derart berührt worden sein. Mit Theater und »Show« waren sie ebenso vertraut wie mit Musik, Tanz und berauschenden Getränken. Dem Wein bei ihren Gelagen und Symposien war häufig Opium zugesetzt, Rausch und Ekstase waren im Griechenland dieser Epoche alles andere als unbekannt. Genauso wenig ist zu erwarten, dass die Philosophen und Schriftsteller ihren kritischen Verstand freiwillig an der Garderobe des eleusinischen Tempels abgaben – nein, sie mussten dort etwas erlebt haben, was selbst den großen Rhetorikern die Sprache verschlug.

Zu Hilfe bei der Aufdeckung des Rätsels kam ein öffentlicher Skandal im Athen des Jahres 415 v.Chr., von dem in fragmentarisch erhaltenen Prozessakten die Rede ist: Das eleusinische Geheimnis war profanisiert worden, aristokratische Bürger hatten ihren Gästen den visionären Trank als Partyvergnügen angeboten und mussten sich dafür vor Gericht verantworten. Einer der Angeklagten war der ruhmreiche Heerführer Alkibiades, der sich nach Sparta absetzte, als man

Fries mit floralem Motiv (Mohn) und Weizengarbe aus der Kleinen Propyläa

ihn von seinem Kommandeursposten bei der Schlacht von Syrakus zum Prozess nach Athen zurückbeorderte. Er wurde in Abwesenheit zum Tod verurteilt und sein gesamter Besitz beschlagnahmt. Doch es sind nicht nur diese Spuren antiker Acid-House-Partys, auf die sich die Autoren bei ihrer Beweisführung berufen, sie zeigen auch, dass die Bedeutungsstruktur des Demeter-Mythos auf das Geheimnis psychoaktiver Pflanzen verweist. Es sind keine einfachen Blumen, die Persephone pflückt, als sie ins Reich der Toten entführt wird, es ist der hundertköpfige Narkissos, eine Drogenpflanze. In »Der Weg nach Eleusis« heißt es dazu:

»Es besteht kein Zweifel daran, dass es sich beim Raub der Persephone um einen drogeninduzierten Anfall handelt. Dieser Umstand ist von den Altertumsforschern nie beachtet worden, obschon er aufgrund unseres Wissens über die Religionen der vorgriechischen

Ackerbauvölker absolut zu erwarten ist. Das Zentrum dieser Religionen war der Zyklus von Tod und Wiedergeburt in der Pflanzen- und Menschenwelt. Die Frau war die Große Mutter und die ganze Welt ihr Kind. Das grundlegende Ereignis in diesen Religionen war die Heilige Hochzeit, durch welche die Priesterin mit dem Geisterreich im Inneren der Erde kommunizierte, um den Neubeginn des Ackerbaujahrs, des Lebens, zu bewirken. Ihr Gegenstück war ein Vegetationsgeist; er war sowohl ihr auf der Erde wachsender Sohn als auch der Gemahl, der sie in die befruchtende andere Welt entführte. Unter dem Namen Dionysos überlebte der als Gatte der Muttergöttin assimilierte Zeus bis in die klassische Periode hinein.«

Nicht der dionysische Wein, sondern der psychedelische Gerstentrank der Erdgöttin Demeter stand im Zentrum der griechischen Religion – dieser Befund von Wasson, Hofmann und Ruck rückte die gesamte Fachliteratur zu Eleusis in ein völlig neues Licht.[3] Natürlich waren die rauschhaften, ekstatischen Elemente der Demeter- und Dionysos-Rituale keinem Historiker verborgen geblieben, den antiken Interpreten so wenig wie den Wiederentdeckern der hehren Hellenen in der europäischen Klassik. Für Nietzsche steht und fällt sogar die gesamte Kultur mit der Wiederbelebung des Dionysischen, doch

---

[3] Schon KERENY (1962) gesteht dem heiligen Trank zwar eine gewisse berauschende Wirkung zu, sieht im Zentrum des Ereignisses aber immer noch eine Art Schauspiel, das im Vorzeigen einer Getreideähre gipfelte. Auch der Ethnologe Hans Peter DUERR, dessen *Traumzeit* (1978) einen Meilenstein für die Wiederentdeckung der erkenntnistheoretischen Bedeutung des archaischen Halluzinogen-Gebrauchs darstellte, sieht hier keinen Zusammenhang mit Eleusis. In seiner Studie *Sedna – oder die Liebe zum Leben* (1984) belegt er zwar die weiblichen, ur-matriarchalen Elemente des Mysteriums, kann aber nicht erklären, was abgeklärte Intellektuelle wie Platon und Cicero an dieser Show so beeindruckt haben soll. Duerr sieht sehr richtig, dass die Mysterien »ein Wiedergeburtsritual im strengen Sinne waren«. Dass eine solche »Strenge« aber nur durch ein brachiales inneres Erleben zu erreichen ist und nicht durch das Vorzeigen »einer Vulva, die in einer mystischen Kiste lag« (S. 203), hätte ein alter Hippie wie Professor Duerr eigentlich wissen sollen. W. BURKERT stellt in *Antike Mysterien* (1990) zusammenfassend fest: »Wir können solche Erfahrung nicht

so ahnungsvoll er sich als Psychologe hier erwiesen haben mag, so wenig bestand zu seiner Zeit die Möglichkeit einer empirisch-wissenschaftlichen Erforschung »dionysischer« Bewusstseinszustände und pflanzengebundener Ekstasen.

Den Grundstein dazu legte erst der Berliner Pharmazieprofessor Louis Lewin, der 1924 mit seinem Werk *Phantastica* eine erste systematische Erfassung der »betäubenden und erregenden Genussmittel« versuchte. Die oft anekdotischen Berichte über die bewusstseinsverändernden Wirkungen dieser Pflanzen konnten erst in den folgenden Jahrzehnten einer genaueren wissenschaftlichen Überprüfung unterzogen werden, als nach und nach die Alkaloide, die chemischen Wirkstoffe von Meskalin, Peyote und den »heiligen Pilzen« identifiziert wurden. Ihre eigentliche Bedeutung aber lässt sich erst seit den 70er Jahren ermessen, als die Gehirnforscher die Rolle der Neurotransmitter für unsere Bewusstseinszustände – die biochemische Steuerung des Gehirns durch drogenähnliche Botenstoffe – entdeckten. Bis dahin blieb den Kultur- und Religionsgeschichtlern also kaum etwas anderes, als angesichts des heiligen Tranks von Eleusis sowie des schamanischen Pflanzengebrauchs im allgemeinen in Rätselraten und Mutmaßungen zu verfallen.

---

zurückgewinnen und nicht rekonstruieren, dass sie möglich war, ist anzuerkennen. (...) Sehr viel weiter einzudringen, wird sachlicher Wissenschaft kaum gelingen.« Ebendies wird aber mit der Entdeckung von Wasson/Hofmann/Ruck, dass im Zentrum der griechischen Mysterien eine psychedelische Erfahrung stand, jetzt möglich: Die Erfahrungen von Eleusis sind rekonstruierbar und können zurückgewonnen werden – freilich mit einer »neuen Sachlichkeit« der Wissenschaft, die den Beobachter mit einschließt. In der aufsehenerregenden, 2020 erschienenen Untersuchung von Brian Muraresku *The Immortality Key: The Secret History of the Religion with No Name* wird nun der Nachweis geführt, dass der psychedelische Trank in Form des besonderen, von Frauen zubereiteten dionysischen Weins sich im gesamten griechischen Großreich verbreitet hat. Auch in die Weinregion von Galiläa, wo der Wanderprediger Jesus mit seinem ersten Wunder die »trockene« Hochzeit von Kanaan in ein weinseliges Fest verwandelte ...

Vor diesem Hintergrund hätte die Arbeit von Wasson, Hofmann und Ruck eigentlich wie eine Bombe einschlagen müssen, de facto aber blieb sie, abgesehen von ein paar journalistischen Rezensionen, in Wissenschaftskreisen nahezu unbeachtet. Daran haben weder das große Renommee der Autoren in ihren jeweiligen Fachgebieten noch die solide Argumentation und Faktenlage etwas geändert, ihr heißes Eisen – die Fundierung des griechischen Geisteslebens, und damit der abendländischen Kultur, in einer mystischen Drogenerfahrung – glüht bis heute im Verborgenen. Ist es wirklich ein Skandal, in das Zentrum des Metaphysischen, Übernatürlichen, Göttlichen eine Ausgeburt des »Reichs des Bösen« – die Droge – zu stellen und den profanen Genuss einer Pflanzensubstanz als Quelle des Heiligen zu identifizieren? Genau betrachtet, räumt das »LSD-Mysterium« von Eleusis dem antiken Griechenland gar keine Sonderstellung ein. Im Gegenteil: Es verbindet die Kulturgeschichte des Abendlandes mit der Kultur- und Religionsgeschichte anderer Erdteile, denn überall auf der Welt haben die Völker für den Blick über den Zaun von Raumzeit und Sterblichkeit auf die Hilfe von Pflanzen zurückgegriffen.[4]

In jenen Kriegswochen des Jahres 1943, als Albert Hofmann in Basel die einzigartige psychedelische (das heißt die Seele öffnende) Wirkung des Lysergsäurediethylamid (LSD) per Zufall an sich selbst entdeckte, schreibt Gottfried Benn, ausgehend von einem afrikanischen Trance-Gesang, den er in einem Film gesehen hat:

---

[4] Vgl. Völker/von Welck/Legnaro (Hrsg.): *Rausch und Realität* (1981). Das ethnobotanische Standardwerk von Jonathan Ott: *Pharmacotheon – Entheogenic Drugs, Their Plant Sources and History* (1993) listet in seiner Bibliographie 2.400 Titel zum Thema auf. Einen guten botanischen Überblick (mit vielen Abbildungen) geben auch R.E. Schultes/A. Hofmann: *Pflanzen der Götter* (1980) sowie P.T. Furst: *Flesh of the Gods – The ritual use of hallucinogens* (1972) und Paul Devereux: *The Long Trip – The Prehistory of Psychedelia* (1997) und natürlich Christian Rätschs umfassende Enzyklopädie der psychoaktiven Pflanzen (aktuelle 16. Auflage, 2020) sowie der 2021 erscheinende Band 2 dieses Standardwerks (Christian Rätsch und Markus Berger, AT Verlag). Dass es sich bei diesem magischen Pflanzengebrauch keineswegs um eine exotische Angelegenheit

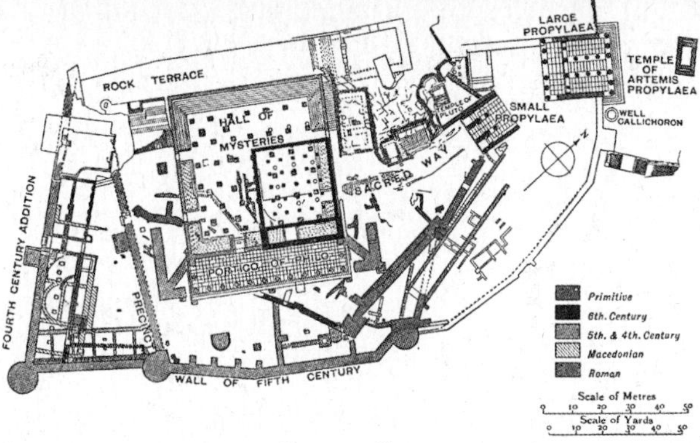

Karte von Eleusis

»Sein Wesen ist religiös und mythisch, eine erregende, das Einzelwesen steigernde Kommunikation mit dem All. Den Riten und Bewegungs-, den Rhythmus-Trancen stehen die pflanzenentbundenen Steigerer und Rauscherzeuger gegenüber, ihre Verbreitung ist weit universaler. Mehrere Millionen Erdbewohner trinken oder rauchen indischen Hanf, unzählige Geschlechter, durch zweitausend Jahre. Dreihundert Millionen kauen Betel, die großen Reisvölker würden eher auf diesen als auf die Arekanuss verzichten, mit Kauen aufhören, heißt für sie sterben. Die drei größten Weltteile erregen sich durch Koffein; in Tibet rechnet man die Zeit nach einer Tasse Tee; Tee fand

handelt, zeigt ein 3500 Jahre altes Fundstück aus Bayern, das E. Probst in *Deutschland in der Bronzezeit* (1996) dokumentiert: eine hölzerne Pfeife mit Tonkopf, in der Spuren von Hanf und Mohn entdeckt wurden. Die zusammen mit der »vermutlich ältesten Haschischpfeife der Welt« ausgegrabenen Feuersteine mit Gebrauchsspuren zeigen, dass das Rauchen schon einige Jahrtausende vor dem (Re-?)Import durch Columbus auf dem europäischen Kontinent verbreitet war. Vor diesem Hintergrund entfaltet die vor allem von bayerischen Drogen-Hardlinern gegen eine Legalisierung von Hanf gern vorgebrachte These, es handele sich bei Cannabis im Unterschied zum Alkohol um eine »kulturfremde Droge«, ihre ganz besondere Komik.

man bei den Überresten prähistorischer Menschen. Chemische Stoffe mit Gehirnwirkung, Verwandt/er des Bewusstseins – erste Wendung des Primitiven zum Nervensystem. (...)

Unter Tausenden Wurzeln, Sträuchern, Bäumen, Pilzen, Blüten – dieses eine! Wahrscheinlich starben unzählige den Gifttod, ehe die Rasse am Ziel war. Steigerung, Ausweitung – provoziertes Leben. (...) Wer das tierisch nennt, verkennt die Lage: Es ist unter dem Tier, weit unter den Reflexen, hin zu Wurzel, Kalk und Stein. (...)

Ob Rhythmus, ob Droge, ob das moderne autogene Training – es ist das uralte Menschheitsverlangen nach Überwindung unerträglich gewordener Spannungen, solcher zwischen Außen und Innen, zwischen Gott und Nicht-Gott, zwischen Ich und Wirklichkeit – und die alte und neue Menschheitserfahrung, über diese Überwindung zu verfügen. Das systematische ›Atembeten‹ Buddhas, die rituellen Gebetshandlungen der altchristlichen Hesychasten, Loyolas Atemholen mit je einem Wort des Vaterunsers, die Derwische, die Jogas, die Dionysien, die Mysterien – es ist alles aus einer Familie, und die Verwandtschaft heißt Religionsphysiologie.« [5]

So gut Benn die Bedeutung des Mysteriums von Eleusis für den Ursprung der europäischen Kultur bekannt war, so wenig wusste er, dass dort einst eine der stärksten bewusstseinsverändernden Substanzen überhaupt zum Einsatz kam. Sonst wäre sein Aufsatz *Provoziertes Leben*, der zum Luzidesten gehört, was die europäische Essayistik im 20. Jahrhundert hervorgebracht hat, mit Sicherheit noch ein Stück provokativer ausgefallen. Doch auch so lesen sich die Zeilen, die er als Stabsarzt in der Kaserne in Landsberg an der Warthe zu Papier brachte, wie der synchrone Kommentar zu dem, was Albert Hofmann in Basel gerade entdeckt hatte. Benn: »Gott ist eine Substanz, eine Droge! Eine Rauschsubstanz mit verwandtschaftlicher Relation zu den menschlichen Gehirnen.«

---

[5] Gottfried Benn: Essays und Reden (1989), S. 369ff.

Adam und Eva

Wenn aber Religion physiologisch begründbar ist, dann wird Metaphysik zur erfahrbaren Wissenschaft, ist keine Sache des Glaubens und Spekulierens mehr, sondern ein Feld des Wissens und der Empirie. Mystische Erfahrung, so erkennt Benn, hat mit bestimmten Substanzen zu tun, die in verwandtschaftlicher Beziehung mit der Biochemie des Bewusstseins stehen und »Religion provozieren«:

»Die deutsche Mystik nach Jakob Böhme, ›das Anheimfallen der natürlichen Ichheit an das Nichts‹ (bemerkenswerterweise: an das Nichts, nicht an Gott), diese Mystik, die ein moderner Forscher ›eine fast experimentelle Religionspsychologie rücksichtsloser Art‹ nannte, war nichts anderes – hier läge also vor: provozierte Religion.

All dies sind geschichtliche Tatsachen, weit verbreitete Erfahrbarkeiten, selbst biologisch beurteilt: psychologische Fakten. Gleichwohl steht der heutige Staat dem völlig fremd gegenüber. Vielmehr gründete er kürzlich eine Rauschgiftbekämpfungszentrale, und seine Biologen fühlen sich auf der Höhe der Zeit. Es würde schwierig sein, ihm zu bedeuten, dass sich diese Zentrale zum Menschheitsproblem verhält wie der Postbote zum Kosmopolitismus. Ferner unterlässt er es nicht, eine Steigerung der menschlichen Höhenfestigkeit für Bergsteiger unter dem Einfluss von Medikamenten im großen Umfang durch beauftragte Physiologen prüfen zu lassen, aber die Möglichkeit einer Steigerung der formal-ästhetischen Funktionen beachtet er nicht. Er pflegt seine Muttermilchsammelstellen, in deren einer 1200 Mütter in zwei Jahren beispielhaft 10 000 Liter gaben (...) Potente Gehirne aber stärken sich nicht mit Milch, sondern durch Alkaloide.«[6]

---

[6] Benns Essay erscheint erstmals 1949. Es ist bedauerlich, dass der ungesellige Doktor den Kontakt zu den Mutterkornalkaloiden und Albert Hofmann nie gefunden hat, wie zum Beispiel Ernst Jünger, der in *Annäherungen – Drogen und Rausch* (1970) ausführlich darüber berichtet. So bewundernswert es sein mag, wie der Herrenreiter Jünger sich in die Wildnis des Seelenweltraums stürzt, als Protokollant wäre ein Präzisionsdenker wie Benn allemal besser geeignet gewesen. *Provoziertes Leben* fasst 1943 auf sieben Schreibmaschinenseiten schon all das zusammen, was in den 50er und 60er Jahren durch Aldous Huxley, *Die Pforten der Wahrnehmung* (1954), und Timothy Leary,

Treffender lässt sich nicht kommentieren, was Albert Hofmann zeitgleich entdeckte und 35 Jahre später als Grundlage des Demeter-Kultes identifizierte: die Alkaloide des Mutterkorns – das magische Molekül am Anfang der antiken Kultur. Hofmann hatte sich die Mutterkornalkaloide, die er schon drei Jahre zuvor isoliert hatte, im Frühjahr 1943 wieder vorgenommen, auf der Suche nach einem frauenheilkundlichen Präparat. Die gefäßverengenden, wehenauslösenden Wirkungen des Mutterkorns waren der Medizin von jeher ebenso bekannt wie die schweren, Ergotismus genannten Vergiftungserscheinungen, die der Genuss von Getreide verursacht, das von Mutterkorn befallen ist. Eine der Wirksubstanzen dieses Pilzes jedoch, mit der Hofmann im Labor zufällig in Kontakt gekommen war (LSD-25), verursachte keinerlei toxische Wirkung auf den Körper, dafür umso stärker auf das Bewusstsein: Wenige Tausendstel Gramm reichen aus, um die Wahrnehmung der Außen- und Innenwelt völlig zu verändern und eben jene zerebrale »Kommunikation mit dem All«, jenes Eintauchen in den »Urtraum« herzustellen, die Benn gerade als einziges Remedium gegen die »abendländische Schicksalsneurose« rezeptiert hatte. Um »den Zustrom von Erkenntnissen und von Geist zu vermitteln«, fordert er außerdem den »Ausbau visionärer Zustände durch Meskalin oder Haschisch«, Meditation zur Freimachung der »Organfunktionen« und »archaischer Mechanismen« – und: »Pervitin könnte, statt es Bomberpiloten und Bunkerpionieren einzupumpen, zielbewusst für Zerebraloszillationen in höheren Schulen eingesetzt werden. Das klingt wahrscheinlich manchem abwegig, ist aber nur die natürliche Fortführung einer Menschheitsidee.«

Die Politik der Ekstase (1965), zum Manifest einer kulturellen Revolution wird. Albert Hofmann, der über die Begegnungen mit Jünger, Huxley, Leary und anderen, die mit seinem Wunderkind auf Reisen gingen, in *LSD - mein Sorgenkind* (1979) berichtet, war bis zu seinem Tod mit 102 Jahren im Jahr 2008 mit Vorträgen und auf wissenschaftlichen Symposien aktiv. Ein strahlender Greis und Weiser, der nicht müde wurde, für den verantwortungsvollen Gebrauch dieses Alkaloid-Wunders zu werben, das auch ihm einst die Augen geöffnet hatte.

Das ist es in der Tat – und dass die Forderung noch heute manchem abwegig erscheint, liegt zum einen an der fortgesetzten Tätigkeit der Rauschgiftbekämpfungszentralen: »Gott« beziehungsweise die von Benn damit identifizierten Substanzen sind nach internationalem Betäubungsmittelgesetz »nicht verkehrsfähig«. Zum anderen hat es mit einer Geschichte zu tun, die im Folgenden kurz beleuchtet werden soll: Schon im Garten Eden nämlich waren nicht zufällig ganz bestimmte Pflanzen verboten.

»Gibt es nur einen einzigen Griechen«, fragte der Rhetoriker Aristides etwa um das Jahr 150 n.Chr., »einen einzigen Barbaren, der so unwissend, so gottlos ist, dass er Eleusis nicht als gemeinsamen Tempel der Welt ansieht?« Noch zu diesem Zeitpunkt schien es völlig undenkbar, dass die versprengten jüdisch-christlichen Sekten sich zu einer Großmacht aufschwingen und im Zuge der Eroberung Griechenlands durch den Gotenkönig Alarich die riesige Anlage des Demeter-Heiligtums in Eleusis im Jahr 396 n.Chr. zerstören würden. Sie waren scheinbar unwissend (was die Macht des heiligen Tranks angeht), scheinbar gottlos (zumindest was die Vielfalt des eleusinischen Himmels betraf, dem sie ihren monotheistischen Zentralgott entgegensetzten), und sie gingen bei der Eliminierung »heidnischer« Konkurrenz äußerst brutal vor. Doch überrascht konnten die Hüter von Eleusis über diesen Angriff eigentlich nicht sein: Das heilige Buch der jüdisch-christlichen Sekten, die ihren Tempel zerstörten und die Fortführung der Mysterien verboten, lässt die gesamte Menschheitsgeschichte mit einer Drogenrazzia beginnen.

Erinnern wir uns kurz: Nachdem der Herr Eva aus Adams Rippe geschaffen hat, dürfen es sich die beiden im Garten Eden gutgehen lassen. Alles ist ihnen erlaubt, nur eine bestimmte Frucht ist verboten, und zwar die vom Baum der Erkenntnis: eine bewusstseinserweiternde Pflanze. Dass es sich um eine solche handelt, wurde Eva von einer Schlange vermittelt – als Botin Gaias und Vermittlerin aus dem

Tierreich macht die Schlange die unwissenden Menschen auf die geheimen Pflanzenkräfte aufmerksam. Die Geschichte der Paradiesvertreibung im Buch Genesis berichtet von einer Frau, die Wissen über psychoaktive Pflanzen besitzt. Bevor sie dieses Wissen mit ihrem Mann teilt, hat sie die Wirkung probiert und für gut befunden: »Als die Frau sah, dass es gut war, die Frucht des Baums zu essen, dass sie schön anzusehen war und ihr gut gefiel, nahm sie eine und aß sie. Auch ihrem Mann gab sie davon, und auch er aß sie. Da wurden ihnen beiden die Augen aufgetan, und sie entdeckten, dass sie nackt waren (...)« – Tatsächlich ist die Wirkung gewaltig: Die Augen werden geöffnet, die Sinne für die sexuelle Identität werden geschärft, sie werden sich ihrer selbst bewusst und erkennen »Gut« und »Böse«. Gleichzeitig entdecken sie aber auch, dass ihr Herr sie im Stil einer typischen Rauschgiftbekämpfungszentrale belogen hat. »Wenn du davon issest, musst du sterben!«, hatte es von den Früchten des Baums der Erkenntnis geheißen, doch Eva und Adam hatten eher das Gegenteil erfahren: Die Pflanze hatte ihr Bewusstsein erweitert und ihnen neue, zutreffende Erkenntnisse und Einsichten geschenkt. Kein Grund eigentlich für den Herrn, so aus der Haut zu fahren – und tatsächlich wird in der gesamten Geschichte der Vertreibung auch kein wirklicher Grund für das Verbot genannt, außer dem einen: »Der Mensch ist jetzt wie einer von uns geworden, da er Gutes und Böses erkennt. Nun geht es darum, dass er nicht noch seine Hand ausstrecke, sich am Baume des Lebens vergreife, davon esse und ewig lebe. So wies Gott, der Herr, ihn aus dem Garten Eden fort, dass er den Ackerboden bearbeite, von dem er genommen war«.

Über zweitausend Jahre Theologie haben diese Geschichte des ersten Sündenfalls als Sinnbild und Metapher dargestellt, die verbotene Frucht als Apfel und ihren Genuss als Ursünde des sich offenbarenden Menschenstolzes. Demnach wäre es mehr oder weniger ein dramaturgischer Kniff, dass die Autoren des Alten Testaments den Genuss einer verbotenen psychoaktiven Pflanze in den Mittelpunkt ihres Menschheitsdramas gerückt haben – jedes andere willkürliche Verbot hätte es auch getan. Die Einschränkung der durch Pflanzengebrauch provozierten religiösen Ekstasen ist jedoch eine Grundvoraussetzung dafür, dass das Konzept des einen Zentralgotts überhaupt greifen kann. Solange die Pilze »sprechen«, solange die Alkaloide des Mutterkorns das Gehirn gleichsam auf Direktempfang des Göttlichen schalten, solange Tänze, Musik, rituelle Atem- und Körpertechniken religiöse Erfahrungen, Erscheinungen, Eingebungen provozieren – so lange ist das Jehova-Konzept eines einzigen männlichen Gottes, dessen Name man nicht aussprechen und von dem man sich kein Bild machen soll, nicht durchsetzbar. Die ganze Rationalisierungsmaßnahme des Monotheismus steht und fällt mit dem Abschalten der magischen Kanäle, auf denen der Vegetationsgeist Gaia zum Sprechen kommt.[7]

In einem Spätherbst vor etwa 5300 Jahren wanderte ein Mann über den Similaun-Gletscher in Tirol. Er war 1,58 Meter groß, hatte schwarzes Haar und trug einen Fellanzug, der mit Süßgras gefüttert war. Der Wanderer war vermutlich auf dem Weg zur »Heiligen Quelle«, einem bis heute so genannten Kultplatz auf dem Alpen-Hauptkamm, und muss dabei von einem plötzlichen Unwetter mit einem drastischen Temperatursturz überrascht worden sein. Dabei kam er zu Tode, und sein Körper wurde in kürzester Zeit tiefgefroren – im Gletschereis auf 3200 Metern Höhe wurde er 1991 von

---

[7] Robert von Ranke-Graves: *Hebräische Mythen* (1986) weist auf Elemente der Paradies-Geschichte hin, die älteren Mythen entstammen, u.a. dem Gilgamesch-Epos, in dem Gilgamesch ein Kraut der Unsterblichkeit sucht. In Folge von Gordon Wasson kam auch Ranke-Graves zu dem Schluss, dass magische Pilze im Zentrum der frühen Religionen standen: »Rauscherzeugende Pilze kommen in ganz Europa und Asien vor. (...) Die Tatsache, dass es zwischen dem indischen und anderen Paradiesen große Ähnlichkeiten gibt, legt den Gedanken nahe, dass es sich bei Soma um einen heiligen Pilz handelt, der in Gestalt von Speise und Trank dargereicht wurde. (...) Ambrosia- Esser erfreuen sich oftmals eines Gefühls vollkommener Weisheit, das sich aus der scharfen Bündelung ihrer geistigen Kräfte ergibt. Da ›Erkenntnis des Guten und des Bösen‹

Bergsteigern entdeckt. »Ötzi«, wie die Naturmumie aus dem Eis des Ötztales sofort genannt wurde, gilt seitdem für die Prähistoriker als »bedeutendste archäologische Entdeckung seit Tutenchamun«, denn sie ermöglicht einen direkten Einblick in den Alltag der späten Steinzeit. Das Kupfermesser und das Kupferbeil, das der Mann aus dem Eis bei sich trug, erwiesen sich als die erste Sensation, denn die C-14-Analyse einer Gewebeprobe des Gletschermanns hatte ein Alter von 5300 Jahren ergeben. Damit stammte er aus einer Zeit, in der es nach der gängigen archäologischen Datierung noch gar keine Kupferbeile, sondern nur Steinäxte gab, von denen Ötzi ebenfalls eine bei sich trug. Außerdem führte er einen Köcher mit 14 Pfeilen, Pfeilspitzen, Feuersteinklingen, Stricken und anderen Werkzeuge mit sich sowie ein mit Ledertroddeln verziertes Stein-Amulett. Dieses Amulett sowie der Fundort der Mumie in der Nähe eines archaischen Kultplatzes ließen die Vermutung aufkommen, dass es sich bei dem Mann aus dem Eis um einen Schamanen oder Medizinmann handelte. Bei der Untersuchung der von ihm in zwei Taschen mitgeführten Gegenstände stießen die Forscher auf eine weitere Sensation; im Juli 1992 meldete die Deutsche Presse-Agentur: *»Ötzi war high: Der im September 1991 im Tiroler Ötztal gefundene Gletschermann, eine 5300 Jahre alte Mumie, hatte urzeitliche Rauschmittel bei sich. Innsbrucker Wissenschaftler identifizierten die bei ihm gefundenen Pilze als Halluzinogene«.*

---

im Hebräischen soviel heißt wie ›Erkenntnis aller Dinge, sowohl der guten als auch der bösen‹ und sich nicht auf die Gabe der sittlichen Entscheidungsfähigkeit bezieht, war der ›Baum des Lebens‹ vielleicht einmal der symbiotische Partner eines bestimmten halluzinogenen Pilzes. So stellt sich beispielsweise die Birke der *Amanita muscaria* (dem Fliegenpilz, MB) als Wirt zur Verfügung, die von einigen paläo-sibirischen und mongolischen Stämmen im Verlauf von Kulthandlungen verzehrt wird« (101f.). In *Die weiße Göttin* (1985) hat Ranke-Graves nicht nur den matriarchalen Zusammenhang der griechischen Mysterien verdeutlicht, sondern ebenfalls darauf hingewiesen, dass psychoaktive Pilze in Eleusis mehr als eine Nebenrolle spielten.

Das Plutonion, links der Eingang zur Unterwelt

Dr. Reinhold Pöder vom mikrobiologischen Institut der Universität Innsbruck hatte die zwei etwa murmelgroßen Stücke einer Substanz, die Ötzi mit sich führte, als Pilze der Gattung »Lärchen- und Birken-Porling« identifiziert: »Die Schwämme sind Halluzinogene«, konstatierte Pöder fälschlich, nachdem er Indolalkaloide in den Proben nachgewiesen hatte. Die »Entdeckung des Urzeit-LSD«, kommentierte die Presse, »gilt unter Experten als kleine Sensation«. Im Zusammenhang mit Eleusis, wo das eigentliche »Urzeit-LSD« aus dem Mutterkorn gebraut wurde, darf sie getrost eine große Sensation genannt werden – belegt sie doch erstmals den Gebrauch psychedelischer Pilze in der Vorgeschichte Europas. Die Hypothese, die Gordon Wasson Anfang der 50er Jahre erstmals aufgestellt hatte, dass Religion (Metaphysik/Transzendenz) aus der Symbiose von Hominiden und bewusstseinserweiternden Pflanzen entstand, bescherte nach Pöders Forschungsergebnissen der Mann aus dem Eis eine eindrucksvolle Bestätigung.[8]

Mircea Eliade hat den Schamanismus als »archaische Ekstasetechnik« bezeichnet und auf die erstaunliche Gleichförmigkeit verwiesen, die die schamanistischen Kulturen überall auf der Welt aufweisen. Schamanen sind »Spezialisten des Heiligen«, die fähig sind, ihren Körper zu verlassen und im Geist (in Trance) kosmische Reisen zu unternehmen. Dieser Kontakt mit dem »Jenseits« – den Geistern, den Ahnen, der Matrix der Natur – ermöglichte es ihnen, die Dinge im Diesseits geradezurücken. Dass der Schamanismus heute allgemein als Urform des religiösen Empfindens anerkannt ist, verdankt sich

---

[8] Vgl. *Der Stern*, Nr. 29, 9. Juli (1992) sowie Christian Rätsch (Hrsg.): *Das Tor zu inneren Räumen* (1996). Jonathan Ott: *Pharmacotheon – Entheogenic Drugs. Their Plant Sources and History* (1993), zweifelt, ob die gefundenen Pilze wirklich halluzinogene oder nicht nur antibiotische Wirkung hatten. Selbst wenn nur das letztere zuträfe, deutet dies auf sehr gute Kenntnisse der natürlichen Hausapotheke bei den Menschen der Steinzeit.

vor allem den großartigen Arbeiten des Religionsforschers Mircea Eliade. Gleichzeitig ist er aber auch für das weitverbreitete Missverständnis über den archaischen Gebrauch halluzinogener Pflanzen verantwortlich, den Eliade als dekadenten »narkotischen« Schamanismus bezeichnet. Der Grund für diese Einschätzung mag zum einen in Eliades Feldforschungen liegen, bei denen die Relikte schamanischer Stammeskulturen durch den Einzug moderner Drogen wie Alkohol und Zigaretten kontaminiert wurden – zum anderen aber auch einfach in seiner persönlichen Abneigung.

Noch in den 1980er Jahren bekundete der Professor gegenüber einem Doktoranden: »Ich mag diese Pflanzen nicht, und ich weiß gar nichts über sie«[9]. Dabei waren die Indizien zu diesem Zeitpunkt schon überwältigend: Ob in Sibiren oder in Südamerika, in afrikanischen oder asiatischen Kulturen, fast überall waren Schamanismus-Forscher auf den Gebrauch entheogener Pflanzen gestoßen. Die von Wasson und seinen Mitarbeitern geprägte Klassifizierung »Entheogene« (»innergöttliche«, »den inneren Gott auslösende« Pflanzen), diente der Abgrenzung zu irreführenden Bezeichnungen

[9] Mircea Eliade: *Schamanismus und archaische Ekstasetechnik* (1964), *Kosmos und Geschichte. Der Mythos der ewigen Wiedergeburt* (1966), *Schmiede und Alchemisten* (1980). Über Eliades Vorurteile gegenüber pflanzeninduzierten Ekstasen, hier zit. nach Ott, 1993, siehe auch Gisela Bleibtreu-Ehrenberg: *Der Schamane als Meister der Imagination* oder *Die hohe Kunst des Fliegenkönnens*, in: H.P. Duerr: (Hrsg.) *Alcheringa* (1983). Ebenso wertet Eliade das schamanistische Syndrom der »Besessenheit« als vorzugsweise von Frauen hervorgebrachte Hysterie ab. Was den weltweiten schamanistischen Halluzinogengebrauch betrifft, sind die Belege indessen überwältigend, wie die zwei Bände von Völker, von Welck, Legnaro (Hrsg.): *Rausch und Realität* (1981) zeigen. Die unter anderem von Hans Findeisen: *Schamanentum* (1957), und Hoimar v. Ditfurth: *Der Geist fiel nicht vom Himmel* (1976), vertretene Ansicht, dass es sich bei den archaischen Trancetechniken eher um pathologische Erscheinungen und bei den Schamanen quasi um Schizophrene handele, ist vermutlich ebenfalls Vorurteilen (bzw. Unkenntnis) zuzuschreiben und entspricht den in den 50er und 60er Jahren vertretenen medizinischen Vorstellungen von Psychedelika als Auslöser »künstlicher Psychosen«. Der entscheidende Unterschied zwischen krankhaft

wie »narkotisch« und die seit den 60er Jahren im kulturellen Kontext gebrauchten Begriffe »halluzinogen« und »psychedelisch«. Als entheogen werden zum Beispiel die Alkaloide des Mutterkorns (LSA u.a., Vorläufer von LSD) und die Wirkprinzipien von Psilocybin-Pilzen, Fliegenpilz, Peyote und Meskalin eingestuft. Allesamt Substanzen, deren Wirkung das Gegenteil von »narkotisch« ist, eines Begriffs, der gewöhnlich für betäubende Mittel und Tranquillanzien gebraucht wird. Dort, wo die Ethnobotaniker und Anthropologen auf den rituellen Gebrauch entheogener Pflanzen stießen, war der Schamanismus lebendig und authentisch. Das heißt nicht, dass überall, wo Medizinmänner mit schamanischen Methoden das psychosoziale und kosmologische Gefüge zusammenhielten, Entheogene im Spiel waren. Doch je weiter zurück die Forscher an den Ursprung gehen – zur Menschwerdung des Affen, zur »Wendung des Primitiven zum Nervensystem« (Benn) –, desto plausibler scheint es ihnen, dass die Flamme eines ungeheuren Mysteriums das Bewusstsein des Hominiden nicht aus heiterem Himmel traf, sondern etwa 30 Minuten nach dem zufälligen Genuss einer Handvoll Pilze (...).

---

psychotischen oder schizophrenen Zuständen und einem durch LSD oder Psilocybin erweiterten »Wachbewusstsein« ist mittlerweile deutlich herausgearbeitet worden, vgl. u.a. H. LEUNER: *Halluzinogene* (1981), S. GROF: *LSD-Psychotherapie* (1983), A. DITTRICH: *Ätiologie-unabhängige Strukturen veränderter Wachbewusstseinszustände* (1985). Gegen die Bezeichnung der Schamanen als krankhafte »Halbirre« spricht aber auch die Tatsache, dass ihnen als Mittler heilenden und heiligen Wissens in den frühen Gesellschaften große Autorität zukam; es waren seltene, charismatische Persönlichkeiten, die sich gerade dadurch auszeichneten, nicht verrückt zu werden angesichts der in Trance geschauten »unfassbaren« Zusammenhänge. Ein beeindruckendes Dokument über die das Unterbewusste öffnenden Möglichkeiten von LSD hat der israelische Autor und ehemalige Auschwitzhäftling Yehiel De-Nur unter dem Pseudonym Ka-Tzetnik 135633 veröffentlicht. Um seine traumatischen Erinnerungen an »den dunklen Planeten Auschwitz« aufzuarbeiten, die ihn jahrzehntelang peinigten und verfolgten, unterzog er sich 1976 bei Professor Bastiaans in Holland erfolgreich einer LSD-Therapie. KA-TZETNIK 135633: *Shivitti – Eine Vision* (1991).

Der Mensch ist, was er isst, und seine Geschichte ist die einer Jagd nach Nahrungsmitteln. Über die genaue Strategie der frühen Hominiden bei der Nahrungssuche ist wenig bekannt, als Allesfresser werden sie sich vermutlich auf die Methode von Versuch und Irrtum – Verdauen oder Erbrechen – verlassen haben. Zwar brachten schwere kosmische Katastrophen und planetare Klimaveränderungen immer wieder neue Angebote auf den Speiseplan, doch schon vor drei Millionen Jahren verfügte der Homo habilis über ein großes gastronomisches und pharmakologisches Wissen. Da zum Beispiel freilebende Schimpansen in regelmäßigen Abständen bestimmte Blätter mit antibiotischer Wirkung lutschen, kann davon ausgegangen werden, dass auch der Vorgänger des Menschen die Heil- und Genusspflanzen seines Lebensraums kannte. Die Forschungen von Ronald Siegel haben gezeigt, welche ausgeprägten Pflanzenkenntnisse schon bei Tieren vorhanden sind und dass sie nicht nur zu medizinischen, sondern auch zu hedonistischen Zwecken, zum Genuss und zur Entspannung genutzt werden.[10] Mit dem Auftauchen des ersten Hominiden beginnt eines der größten Rätsel der Evolutionsbiologie: das rasante Wachstum seines Gehirns. Innerhalb eines nach evolutionären Maßstäben unwahrscheinlich kurzen Zeitraums von drei Millionen Jahren mutierte Homo habilis über den Homo erectus zum Homo sapiens und verdreifachte dabei seine Gehirnkapazität. Für diese rasante Entwicklung gibt es bis heute keine schlüssige Erklärung – nach der klassischen darwinistischen Sicht eines langsamen, allmählichen Entstehens neuer Arten ist eine so blitzschnelle Mutation, wie sie das Gehirn des Homo habilis vollführte, eigentlich gar nicht möglich. Welcher Selektionsdruck auch immer für das sprunghafte Wachstum des Gehirns sorgte, er muss dramatisch gewesen sein – er vergrößerte nicht einfach die Hirnmasse, sondern sorgte auch dafür, dass auf diesem Netzwerk von Neuronen eine neue Software lief: Bewusstsein. Erst dieser Umschlag von Quantität in Qualität, der

---

[10] Ronald K. Siegel: *Rauschdrogen. Sehnsucht nach dem künstlichen Paradies* (1995).

Sprung eines komplexen, ungleichgewichtigen Systems in einen höheren Ordnungszustand, lässt den Hominiden aus den Schatten des Tierreichs in das Licht der Selbstreflexion treten.

Schon mehrfach in der Geschichte des Lebens war es zu großen Wachstumsschüben der Hirnkapazität bestimmter Arten gekommen, und jedes Mal hatte diese neue Komplexität »Bewusstsein« entstehen lassen. Von der hybriden Fehlannahme, dass diese Eigenschaft einzig dem Menschen vorbehalten sei und der ganze Rest des Universums quasi als bewusstloser Automat Dienst schiebt, hat sich die westliche Wissenschaft nach 300 Jahren Descartes und 50 Jahren Behaviorismus mittlerweile verabschiedet. Wenn Gorillas sich von ihrem Spiegelbild unterscheiden können – also über ein Bewusstsein ihres Selbst verfügen –, wenn Paviane Werkzeuge benutzen, Schimpansen zur taktischen Täuschung in der Lage sind und Primatenhorden komplexe soziale Strukturen ausbilden, ist die Anwesenheit eines Bewusstseins in der Gattung Homo erst einmal gar nichts Besonderes.

Was die neue Spezies herauskatapultiert aus dem Schmelztiegel des Primaten-Genpools, ist erst die Herausbildung ihres symbolischen Repräsentationssystems, der Sprache. Stellt schon das exponentielle Gehirnwachstum in der Entwicklung des Menschen für die Evolutionsbiologie ein großes Rätsel dar, so wirft die Entstehung der Sprache noch viel größere Fragezeichen auf. Der Evolutionsvorteil, den eine verbesserte Kommunikation zum Beispiel für die Koordination der Jagdhorde bringt, liegt ebenso auf der Hand wie der entscheidende Vorteil, sich mittels Sprache ein inneres Modell der äußeren Realität zu bilden und die Abläufe in der Realität vorherzusehen. Die Strategie »Heut mach' ich mir kein Abendbrot, heut mach' ich mir Gedanken« (Wolfgang Neuss) erwies sich für den erwachenden Hominiden bei der langfristigen Abendbrotbeschaffung sehr viel erfolgreicher als ein planloses »instinktives« Vorgehen. Auch ließen sich mit diesem neuen Kommunikationsinstrument Gruppenverbände

Statue des Xochipilli
(Aus dem National Museum of Anthropology, Mexico City)

besser aufrechterhalten als mit der gegenseitigen Körperpflege, die bis dahin als soziales Bindemittel gedient hatte.[11] Wie im Detail und wann genau dieser Prozess der Sprachentstehung, die eigentliche Menschwerdung der Gattung Homo, abgelaufen ist, darüber wissen wir so gut wie nichts, nur dass an seinem Ende, vor etwa 250 000 Jahren, ein Wesen steht, das nicht nur die Sprache beherrscht, sondern auch das Feuer und verschiedene Werkzeuge, und das sich offenbar seiner Endlichkeit bewusst ist, denn es bestattet seine Toten. Spätestens hier stößt das Erklärungsmodell der natürlichen Selektion an seine Grenze: Selbst wenn die Ursachen der überdimensionierten Hirnkapazität und der damit einhergehenden Sprachentwicklung im Dunkeln liegen, sind die evolutionären Vorteile einer solchen Ausstattung offensichtlich. Doch welchen Pluspunkt im Kampf ums Dasein bringen Totenbestattung und Ahnenkult? Und, um die entscheidende Frage gleich anzuschließen: Welchen evolutionären Vorteil hatte es, über eine Vorstellung von Transzendenz zu verfügen? Wie kommt das sprechende Tier überhaupt auf die Idee von Göttern, Geistern und dem Absoluten?

Gibt man jemandem, der nur von Ochsen redet, Opium, »werden auch seine Träume nur von Ochsen bevölkert sein«, notierte der englische Opiumesser Thomas de Quincey einst über die subjektive Ausstattung künstlicher Paradiese. So wird auch der sammelnde und jagende Hominide, als er den Schlafmohn erstmals zufällig kostete, von Beeren überfüllten Waldlichtungen oder ewigen Jagdgründen

---

[11] Vgl. Richard Leaky: *Die ersten Spuren – Über den Ursprung des Menschen* (1997). Leaky geht davon aus, dass die Sprache und das schnelle Hirnwachstum zusammenhängen: »In jüngster Zeit hat Robin Dunbar, ein Primatenforscher am University College in London, dieses Modell folgendermaßen beschrieben: ›Die konventionelle Hypothese lautet, dass Primaten große Gehirne benötigen, um sich in der Welt zurechtzufinden und die bei der täglichen Nahrungssuche auftretenden Probleme zu lösen. Die Alternativhypothese lautet, dass die komplexe soziale Wirklichkeit, in der Primaten leben, den Impuls zur Evolution großer Gehirne gab.‹ (...) Nach diesem Szenario ist Sprache ›stimmliche Körperpflege‹, und Dunbar geht davon aus, ›dass sie erst mit dem homo sapiens‹ entstand«. Vgl. Robin Dunbar: *Klatsch und Tratsch* (1998).

geträumt haben ... um alsbald als dösender Zeitgenosse von einem Raubtier oder einem wacheren Konkurrenten dahingerafft zu werden. Als Opiumfreaks hätten die an der Schwelle zur Sprachbeherrschung stehenden grunzenden und gestikulierenden Frühmenschen in Arnauds Film *Am Anfang war das Feuer* das Drama mit Sicherheit nicht überlebt. Was aber geschah, als ein solcher Hominide psilocybinhaltige Pilze aß, wie sie in den Gras- und Waldlandschaften und vor allem auf dem Dung von Rindern wuchsen? In kleinen Dosierungen hat Psilocybin die Eigenschaft, die Sehschärfe und das Erkennen von Konturen zu erhöhen, eine etwas höhere Dosis führt zu gesteigerter Unruhe und sexueller Erregbarkeit – von einer psychedelischen Aktivität ist auf diesem Niveau noch kaum etwas zu spüren. Erst eine noch höhere Dosis öffnet die Pforten der Wahrnehmung und erzeugt im Bewusstsein jenen »entheogenen« Zustand, dem die psilocybinhaltigen Pilze Mexikos ihren Namen »Götterspeise« verdanken.

»Der von einer vollen Pilzdosis hervorgerufene Geisteszustand ist der von Euphorie und ruhiger Klarheit, ohne den Verlust der Zusammenhänge und der Klarheit der Gedanken. Die mit geschlossenen Augen wahrgenommenen Halluzinationen sind farbig, scharfkantig und überaus deutlich ausgeprägt und können von abstrakten geometrischen Formen bis zu Visionen fantastischer Landschaften reichen. Diese Halluzinationen sind am intensivsten, wenn der Pilz in der von den Mazatekas bevorzugten Weise genossen wird, in einem Raum, nachts, in vollständiger Dunkelheit. Wenn man sich andererseits in natürlicher Umgebung befindet und die Sinne intensiv nach außen auf die Umgebung richtet, entdeckt man, dass sie auf die höchste Stufe ihrer Empfänglichkeit gestimmt scheinen, dass man mit einer seltenen, wenn jemals zuvor erfahrenen Klarheit und Empfindungsfähigkeit Dinge hört, riecht und sieht.«[12]

---

[12] Terence McKenna: *Wahre Halluzinationen* (1989), S. 254f; Die Hypothese vom Pilz als »Kulturbringer« ist im Wesentlichen in McKennas *Speisen der Götter* (1996) dargelegt, des Weiteren in ders: *The Archaic Revival* (1993).

Jagd auf den kalydonischen Eber, Relief auf einem Marmorsarkophag im Archäologischen Museum von Eleusis (2. Jh. n. Chr.).

Der Ethnobotaniker Terence McKenna, von dem diese Beschreibung des Pilzrausches stammt, hat die Hypothese aufgestellt, dass die Bewusstseinserweiterung durch psilocybinhaltige Pilze nicht nur für das Entstehen von Religion, den ersten Kontakt zum transzendenten Anderen, sondern auch schon für die Evolution des Gehirns und der Sprache von Bedeutung gewesen sein könnten. Psilocybin wirkt vor allem auf die signaleverarbeitenden Regionen des Gehirns und greift tief in die Struktur sprachlicher Prozesse ein. Henry Munn, der die Pilzkultur der Mazateken erforschte, hat auf diesen Zusammenhang ebenfalls aufmerksam gemacht.

»Die Mazateken sagen, dass die Pilze sprechen. Wenn man einen Schamanen fragt, wo seine Eingebungen herkommen, wird er wahrscheinlich antworten: ›Das habe nicht ich gesagt, das war der Pilz‹. Kein Pilz kann sprechen, das wäre eine primitive Anthropomorphisierung des Natürlichen, nur der Mensch spricht, aber der, der diese Pilze isst und der Sprache fähig ist, wird mit einer inspirierten Fähigkeit zu sprechen bereichert. Die Funktion der Schamanen, die sie essen, ist zu sprechen, es sind Sprecher, die die Wahrheit singen und aussprechen, die oralen Poeten ihres Stammes, die Ärzte des Worts, die sagen, was falsch ist und wie man es heilt, die Seher und Wahrsager, die Stimmgewaltigen. ›Es bin nicht ich, der spricht‹, sagt

Psilo-Schamane vom Tassili-Plateau / Sahara

Heraklit, ›es ist der Logos‹. Sprache ist die Ekstase des Benennens. Berauscht von den Pilzen, ist man zu einer sprachlichen Gewandtheit und Leichtigkeit fähig, einer Geschicklichkeit im Ausdruck, dass man ganz erstaunt ist von den Worten, die dem Kontakt der Absicht zur Artikulation mit dem Gegenstand der Erfahrung entspringen. Die von den Pilzen freigesetzte Spontaneität ist nicht nur kognitiver, sondern auch linguistischer Art ... der Logos in Aktion. Für den Schamanen ist es so, als ob die Existenz selbst sich durch ihn hindurch zu Wort meldet«.[13]

Wir können uns heute ansatzweise vorstellen, wie es den erwachenden Hominiden ergangen sein muss, als die neurochemische Konstellation ihres Gehirns erstmals in Kontakt mir den bewusstseinserweiternden Alkaloiden aus dem Pflanzenreich kam: Eine ungeahnte Informationsflut stürmt auf ihr Bewusstsein ein, fremdartige Bildweiten steigen aus dem Inneren auf, und die äußere Realität sendet nie gesehene, unerhörte Signale. Geräusche werden als Farben sichtbar, Gerüche nehmen Gestalt an, und die Grenze von Ich und Nicht-Ich zerfließt in einem Meer von pulsierender Information. »Es bricht den Kopf auf«, sagen die Fang in Zaire von ihrem Initiationsritus mit der halluzinogenen Ibogain-Wurzel – und wenig anders dürften sich ihre und unsere Urahnen vor einigen hunderttausend Jahren in der afrikanischen Graslandschaft gefühlt haben, zumal ihr erster Kontakt mit diesen neuen Bewusstseinswelten wahrscheinlich nicht über den relativ seltenen Ibogain-Strauch lief, sondern, wie McKenna gezeigt hat, über den noch weitaus wirksameren und weltweit im Dung von Rindern wachsenden psilocybinhaltigen *Stropharia cubensis (Psilocybe cubensis)* – den sprechenden Pilz.

---

[13] Henry Munn: *The Mushrooms of Language* in: Michael Harner (Hrsg.): *Hallucinogens and Shamanism* (1973). Der von Psilocybin und verwandten Alkaloiden ausgelöste »Rededrang« ist auch der Notfallmedizin von entsprechenden Vergiftungen bekannt. Vgl. Martin Haseneier: *Der Kahlkopf und das kollektive Unbewußte – Einige Anmerkungen zur archetypischen Dimension des Pilzes*, in: *integration – zeitschrift für geist bewegende pflanzen und kultur* (213, 1992). Diese sehr lesenswerte, materialreiche Arbeit ist (ohne den umfangreichen Quellenapparat) auch abgedruckt in: R. Rippchen (Hrsg.): *Zauberpilze* (1995).

»Ich bin alt, älter als das Denken in deiner Gattung, und das ist selbst schon fünfzigmal älter als deine Geschichte. Obwohl ich seit undenklichen Zeiten auf der Erde weile, komme ich von den Sternen. Meine Heimat ist kein Planet, denn viele Welten, verstreut in der leuchtenden Galaxis, haben Lebensbedingungen, die meinen Sporen eine Chance geben. Der Pilz, den du siehst, ist der Teil meines Körpers, der der sexuellen Erregung und dem Licht geweiht ist. Mein wahrer Körper aber ist ein feines Geflecht aus Fasern, die in der Erde wachsen. Solche Geflechte können etliche Morgen Land bedecken und mehr Querverbindungen haben als ein menschliches Gehirn. (...) Durch die Äonen von Zeit und Raum treiben viele sporenbildende Lebensformen, die ihr Leben manchmal eingestellt haben, manchmal für Jahrmillionen, so lange, bis sie auf eine geeignete Umwelt stoßen. Nur wenige dieser zu neuem Leben erwachten Arten sind mit Geist begabt, nur ich und meine erst jüngst entstandenen Verwandten haben die Fähigkeit zur Hyperkommunikation und die Gedächtniskapazität erreicht, die uns zu führenden Mitgliedern in der Gemeinschaft galaktischer Intelligenz macht. (...) Mein Myzel-Geflecht hat weder Organe noch Hände, um die Welt zu bewegen; aber höhere Tiere mit manipulativen Fähigkeiten können Partner meines Sternenwissens werden und können, wenn sie in gutem Glauben handeln, zusammen mit ihrem demütigen Pilzlehrer zu den Millionen Welten zurückkehren, deren Erben alle Bürger unseres Sternenschwarmes sind.[14]

Als mir Terence McKenna Mitte der 80er Jahre an Micky Remanns Frankfurter Küchentisch seine Pilz-Kosmologie erstmals darlegte, klang das zwar hochinteressant, und der inspirierte Fluss seiner Rede war das lebende Beispiel uralter schamanistischer Sprachmagie – doch andererseits schien mir die These galaktisch weit hergeholt und einer nüchternen Überprüfung nicht lange standzuhalten. In der Fol-

[14] Terence McKenna: ebd.

ge aber hat Terence McKenna seine Spekulationen in zwei Büchern mit zahlreichen Belegen unterfüttert, und im Zusammenhang mit den vorausgegangen Arbeiten von Gordon Wasson und anderen Entheogenforschern ergibt sich ein Schöpfungsszenarium, das einige blinde Flecken in der Geschichte des Planeten und der Menschwerdung des Affen erhellen kann.

Schon die Grundfrage »Was ist Leben?« rückt angesichts einer Millionen Jahre lang »toten« Spore, die dennoch lebt, in die richtige Dimension: »Leben« ist kein isoliertes Phänomen, sondern existiert nur in Beziehungen. Die in der Molekülanballung der Spore enthaltene Information ist so lange wertlos und »tot«, bis sie auf Beziehungen trifft, die ihren biochemischen »Dialekt« verstehen. Dann beginnt die Information plötzlich zu arbeiten, der Code entfaltet sich: Ein Pilz wächst und breitet sich aus. Dieses Wachstum bringt neue Information hervor, in diesem Fall bestimmte Indolalkaloide wie das Psilocybin. Auch die in dieser Molekülanballung enthaltene Information ist so lange wertlos und »tot«, wie sie nicht auf eine geeignete Umgebung trifft. Die Erde, Kleinstlebewesen und auch größere Tiere haben die im Pilz abgelegte Alkaloid-Information über Milliarden von Jahren aufgenommen, ohne sie zu verstehen. Erst der Stoffwechsel des Hominiden, das innovative neurochemische Niveau seines sprachbegabten Gehirns, stellte ein Milieu dar, in dem die Alkaloid-Information sich entfalten kann. Dass zum Beispiel Spinnen unter LSD-Einwirkung ihre Netze in einer noch perfekteren Geometrie spinnen, hat die Spinnenheit nicht dazu gebracht, die Nähe des Mutterkorns zu suchen – bei der Menschheit sieht das offenbar anders aus: Wo immer in der Frühzeit Anzeichen menschlicher Kultur auftauchen, finden sich meist auch Spuren eines Gebrauchs psychoaktiver Pflanzen.

Dass Drogen nur Verstärker ohnehin vorhandener Bewusstseinsinhalte sind, ist ebenso zutreffend wie banal – ein Radioempfänger ist auch nur der Verstärker ohnehin vorhandener Radiowellen. Worauf es ankommt, ist das Tuning, und hier weist die Pflanzenwelt fast ebenso viele psychoaktive Kanäle auf wie ein herkömmliches Radio. So haben die Anthropologen David Lewis-Williams und Thomas Dowson die ältesten bekannten Felsmalereien Südafrikas, die auf etwa 12 000 v.Chr. datiert werden und häufig Tier-Mensch-Schimären zeigen, auf die halluzinogene Bildwelt von Psilocybin zurückgeführt; desgleichen sind bestimmte geometrische Strukturen, Punktmuster und Zickzacklininen der frühen südamerikanischen Kunst als Formkonstanten des Meskalins identifiziert worden; die Bilder von den Peyote-Kaktus nutzenden Indianerkulturen wie den Huichol weisen eine ganz charakteristische Farbigkeit auf – kurz: Jede psychoaktive Substanz spielt auf der Klaviatur des menschlichen Bewusstseins in einer ganz bestimmten Klangfarbe und formt innere Bilder, die nicht aus der »Phantasie« entstehen, sondern in den neuronalen Schaltkreisen des Gehirns geschaffen werden. »Da sie ihren Ursprung im menschlichen Nervensystem haben«, so Lewis-Williams, »werden sie von allen Menschen, die in veränderte Bewusstseinszustände eintreten, unabhängig von ihrer kulturellen Herkunft wahrgenommen«.[15]

Die Programme, die von pflanzlicher Software auf dem Bio-Computer des menschlichen Gehirns zum Laufen gebracht werden, sind also systemübergreifend und kompatibel zu den verschiedensten Betriebssystemen (Kulturkreisen). Dies erklärt auch die vielen rätselhaften, kulturübergreifenden Bezüge, die Archäologen und Kunsthistoriker in den frühen Höhlenmalereien entdeckt haben. So staunten die Entdecker der steinzeitlichen Felszeichnungen auf dem Plateau Tassili n'Ajjer in Südalgerien über die merkwürdigen stilistischen Parallelen der dort abgebildeten »gehörnten Göttin« mit den späteren Darstellungen der ägyptischen Göttin Isis.

---

[15] Zit. nach Leaky (1997) S. 1 62, siehe auch J.D. Lewis-Williams, Thomas A. Dowson: *The Signs of all Time*, in: *Current Anthropology* 29 (1988) und dies. *Stoneage Psychedelia*, in: *New Scientist*, 8. Juni (1991), *On vision and power in the Neolithic*, in: *Current Anthropology* 34 (Februar 1993).

Die Entstehung dieser der »Rundkopfperiode« zugeordneten Zeichnungen des Tassili-Plateaus ist auf die Zeit zwischen 12 000 und 9000 v.Chr. datiert worden, lange vor der ägyptischen Hochkultur – sie zeigen, dass im Zentrum der Religion dieses Volks das Rind stand, ebenso wie der Pilz, der auf seinem Dung gedeiht. »Wir haben es hier«, so Terence McKenna, »mit den frühesten bekannten bildlichen Darstellungen von Schamanen mit grasenden Rindern zu tun. Die Schamanen tanzen mit Pilzen in den Fäusten; auch aus ihren Körpern sprießen Pilze. In einem Beispiel werden sie gezeigt, wie sie fröhlich daher rennen und dabei von den geometrischen Strukturen ihrer Halluzinationen umgeben werden. Dieses bildhafte Zeugnis scheint unanfechtbar zu sein.« McKenna glaubt, dass in dieser frühen schamanischen Kultur auf dem heute verödeten Plateau der Westsahara, das einst Wälder und Wiesen beheimatete, auch der Hintergrund des historischen Gartens Eden lokalisiert werden kann, eines vorgeschichtlichen Goldenen Zeitalters der Fülle, der Partnerschaft und des sozialen Ausgleichs, dessen Verlust eines der hartnäckigsten Motive unserer Mythologien darstellt.[16]

Dass der Wunsch oft der Vater des Gedankens ist, dass ein von Hunger und Durst geplagter Mensch von einem »Land, wo Milch und Honig fließen« träumt, dass die Vorstellung einer perfekten, idealen Welt die Utopie schlechthin darstellt – all dies bedeutet für McKenna nicht, dass der Mythos vom Paradies ein Märchen darstellen muss. Unsere Vorfahren fast überall auf der Welt, die über Jahrtausende die Erinnerung an ein wie immer geartetes Goldenes Zeitalter tradiert haben, taten dies nicht als Phantasten. Zumal wir in vorschriftlichen Zeitaltern eher davon ausgehen können, dass nur die absolut wichtigsten, unverzichtbaren, essentiellen Informationen weitergegeben wurden: Höhlenmalereien waren keine achtlos hingeschmierten Graffiti, kosmologische Epen keine beliebige Pop-Lyrik. Und in der Tat deuten zahlreiche neu-

[16] McKenna: *Speisen der Götter* (1996), S. 109.

Höhlenmalerei aus Çatal Hüyük

ere Studien darauf hin, dass die frühesten menschlichen Gesellschaften egalitär und partnerschaftlich aufgebaut waren, der entscheidende Evolutionsvorteil der erwachten Hominiden war nicht ihre Bestialität, die Körperkraft und das Jagdgeschick ihrer Alpha-Männchen, sondern die Fähigkeit zu Kooperation und gegenseitiger Hilfe.[17]

Den Übergang von der sammelnden und jagenden Horde zu den Ackerbaugesellschaften, deren erste Spuren 9000 bis 6000 Jahre vor unserer Zeitrechnung in Çatal Hüyük in Anatolien auftauchen, markieren die Gartenbaugesellschaften. Diese verfügen noch nicht über den Pflug, der Boden wird noch mit der Harke und größtenteils von Frauen bearbeitet, die 80 Prozent aller Nahrungsmittel erzeugen und über großen öffentlichen Einfluss verfügen. Erst mit der Technik des schweren, von Tieren gezogenen Pflugs übernehmen die Männer den Hauptteil der Produktionsarbeit, und an diesem Punkt beginnt, wie die nach wie vor als Außenseiterpositionen gehandelten Arbeiten von

[17] Auch die neuere Primatenforschung sieht den evolutionären Vorteil von Primaten mittlerweile weniger im aufrechten Gang oder in besonderem Jagdgeschick, sondern in ihrer »sozialen Intelligenz« und der Fähigkeit zur »Kooperation«. Vgl. LEAKY (1997) und F.d. WAAL: *Wilde Diplomaten – Versöhnungs- und Entspannungspolitik bei Affen und Menschen* (1993).

Riane Eisler, Marija Gimbutas, Peggy Sanday und anderen Kulturhistorikerinnen gezeigt haben, auch der »Shift« in der Götterwelt – Schritt für Schritt wird die weibliche Schöpferin/Göttin, Gaia, durch männliche Götter verdrängt. Ein Drittel aller Gartenbaugesellschaften besitzt nur weibliche Gottheiten, ein weiteres Drittel weibliche und männliche, erst in den Ackerbaugesellschaften ist der Himmel eindeutig männlich dominiert. Diese Phase ist auch die Zeit des Übergangs der partnerschaftlichen zu den nachfolgenden Zivilisationen, für die Riane Eisler den Begriff »dominatorische Kulturen« vorgeschlagen hat. Unabhängig von Eislers Belegen für diesen dramatischen Übergang hat James de Meo in jüngster Zeit auf die historischen und geographischen Ursprünge dieser Kulturrevolution aufmerksam gemacht. Nach de Meos »Saharasia«-These waren drastische klimatische Katastrophen, die um das Jahr 4000 zu einer von Nordafrika über den Nahen Osten bis nach Zentralasien reichenden Wüstenbildung und schweren Hungersnöten führten, der Ursprung für eine wachsende »emotionale Panzerung« der Menschen. Traumatische Kindheitserlebnisse und der Zusammenbruch sozialer Systeme führen zu stärkerer Herausbildung aggressiver, sadistischer Verhaltensweisen – die erlebte Gewalt schlägt sich in der Folge in schmerzvollen, lusteinschränkenden Riten und grausamen, despotischen Regimes nieder.[18]

Die riesige Siedlung Çatal Hüyük, die in ihrer Blütezeit über 7000 Menschen beherbergte – die übliche Belegschaft eines Steinzeitdorfs betrug 200 Personen –, ist in vieler Hinsicht erstaunlich. Sie weist zahlreiche Ritual- und Kultstätten auf, aber keinerlei Befestigungsanlagen

---

[18] Vgl. Riane Eisler: *Kelch und Schwert* (1993), Marija Gimbutas: *Die Zivilisation der Göttin. Die Welt des Alten Europa.* (1996), James de Meo: *Entstehung und Ausbreitung des Patriarchats*, in: J. de Meo, B. Senf (Hrsg.): *Nach Reich – neue Forschungen zur Orgnonomie* (1998). Die Existenz matrilinearer kooperativer Strukturen in den nacheiszeitlichen Gesellschaften ab 50 000 v.Chr. ist durch archäologische Funde mittlerweile vielfach bestätigt. Das Auftauchen aggressiverer, »emotional gepanzerter« Kulturen wird durch die verheerenden klimatischen Folgen eines Kometeneinschlags, der ca. 7500 v.Chr. die Sintflut auslöste, erklärbar.

oder andere Bauwerke, die auf kriegerische Auseinandersetzungen, Eroberungen, Sklavenhaltung oder ähnliches deuten. Die Vielzahl von gefundenen Objekten und Schreinen deuten allesamt auf eine sehr ausgefeilte Kultur, die ganz auf eine Verehrung der »Großen Mutter« eingestimmt ist. Die Archäologen stellt dies vor zahlreiche Rätsel. Zum einen erscheint die Hochkultur von Çatal Hüyük und ihre fortgeschrittene Kunst und Symbolik nach herkömmlicher Datierung mindestens 3000 Jahre zu früh, zum anderen bemerkt der Ausgräber James Mellaart, dass zwar »die neolithischen Kulturen Anatoliens die ersten Anfänge der Landwirtschaft und Viehzucht und einen Kult der Muttergöttin, mithin die Grundlage unserer Zivilisation, einführten«, doch diese Pionierleistungen hatten auf die nachfolgenden Kulturen in der Region offenbar kaum irgendwelche Auswirkungen. Und ebenso wie Nachfolger zu fehlen scheinen, deutet die ausgereifte Kultur an dieser Stelle darauf hin, dass es einen Vorgänger gegeben haben muss, »von dem wir nicht die geringste Spur haben«.[19] Wir können jetzt eine Spur identifizieren. Sie weist zurück in das afrikanische Evolutionslabor des Homo sapiens, in die Savannenlandschaft des Tassili-Plateaus, wo 5000 Jahre zuvor das Geheimnis entdeckt worden war, das mit dem Untergang von Çatal Hüyük dann fast vollständig verschüttet wurde: die »schamanische Dreifaltigkeit« (McKenna) von Rindern, Pilzen und der Großen Göttin.

Viele Interpreten der Steinzeit haben die häufigen Tier-Mensch-Schimären der Höhlenmalereien als Ausdruck einer primitiven Bewusstseinsstufe aufgefasst, als ein »magisches Bewusstsein«, das noch nicht zwischen sich selbst und der Natur unterscheiden kann: Weil die Vorstellung eines Selbst noch nicht vorhanden gewesen sei, hätten die Menschen auf diesem Entwicklungsniveau in direktem Einklang mit der Natur gelebt. Wenn das stimmt, dann wären die steinzeitlichen Darstellungen von Tiermenschen oder die Pilzläufer von Tassili so etwas wie die Zeichnungen von Kindern, die sich als

[19] Zit. nach Leaky (1997), S. 152.

Muttergöttin aus Çatal Hüyük

Flugzeug oder Superman zeichnen: naives Wunschdenken. Doch eher scheint das Gegenteil der Fall. Die Arbeiten von Lewis-Williams und Dowson, die den psychedelischen Charakter der Felszeichnungen der südafrikanischen Buschmann-Kultur aufdeckten, haben, so Paul Devereux, »dafür gesorgt, dass die Art, wie wir prähistorische Felsmalerei überall auf der Welt betrachten, revolutioniert wurde«.

Diese Bilder waren keine willkürlichen Alltagskritzeleien, sondern wurden oft unter großem Aufwand an bestimmten wichtigen Plätzen angefertigt, um etwas ganz Unerhörtes mitzuteilen: Dass es dem Menschen möglich ist, den Körper zu verlassen, sich in ein Tier zu versetzen (oder das Tier in sich zu entfesseln), und dass das Bewusstsein in direkten Kontakt mit der Natur treten kann. Wenn bereits Gorillas ihr Spiegelbild erkennen können, dann konnten die Zeichner dieser Bilder allemal zwischen sich und der Natur unterscheiden, die Vorstellung eines Selbst oder Ego war durchaus schon ausgeprägt. Die Graffitis aus der Steinzeit zeugen deshalb weniger von einer primitiven, vorbewussten Entwicklungsstufe, sondern dokumentieren vielmehr die erste Herausbildung eines erweiterten, die Grenzen des Ichs überschreitenden Bewusstseins. Dass es sich bei diesen Darstellungen um naive Magie handelt, einen irrationalen Glauben, durch Anfertigen von Bildern an einer Felswand der Jagdtiere habhaft zu werden, diese bisher übliche Interpretation wird auf diesem Hintergrund relativiert. Nach drei Millionen Jahren Sammeln und Jagen war die Härte des Tagesgeschäfts und der Nahrungsbeschaffung diesen Menschen viel zu vertraut, als dass sie sich jetzt plötzlich auf merkwürdige Bilder verlassen hätten, um ihren Magen zu füllen. Vieles spricht dafür, dass es sich bei diesen Höhlenbildern um Nachrichten handelt, um Schulungsunterlagen – Overhead-Folien – für nachfolgende Generationen, denen an diesen Initiationsplätzen im Bauch der Erde die wichtigste Botschaft überhaupt vermittelt wurde: die Existenz eines Bewusstseins, das den Körper verlassen, die Grenzen zwischen Außen und Innen überwinden kann. Diese frühesten Darstellungen schamanischer Tier-Menschen, die sich dann in den nachsintflutlichen Kulturen in der bekannten Vielfalt von Tier-Gottheiten und faunischer Symbolik niederschlagen, haben mit wie immer gearteter Symbolik noch nichts zu schaffen, sie sind nackte, naturalistische Information: Piktogramme.[20]

Die Bilder der in Çatal Hüyük erst teilweise ausgegrabenen Ritualstätten zeigen neben weiblichen Rindern auch einige Stiere sowie Leoparden und Geier. Die Verehrung solcher in Anatolien nicht vorkommenden Tiere wird ebenfalls als Hinweis auf die afrikanischen Spuren dieser Kultur gesehen – den Garten Eden einer Garten bau-

---

[20] H.P. Duerr weist auf die Intentionen des unbekannten Malers hin, der die Höhlenzeichnungen wie den berühmten Zauberer von Les Trois Frères einst erschuf: »Er wollte eben nicht einen verkleideten Mann darstellen, sondern offenbar einen tanzenden, in ein tierisches Mischwesen verwandelten Schamanen« (Sedna, 1984, S. 75). Nicht der Bann eines Tieres, nicht die Verkleidung eines Mannes, nicht ein Tanz im Büffelgewand steht im Zentrum der Darstellung der nacheiszeitlichen Tiermenschen, sondern die nur als Bewusstseinsreise vorstellbare Verwandlung. Vgl. dazu, sowie grundsätzlich zum Thema »Götterspeise«, Paul Devereux, *The long trip – A prehistory of psychedelia* (1997). Devereux gibt auch eine ausführliche Darstellung der Arbeiten von Lewis-Williams/Dowson (siehe Anm. 15), siehe dazu ebenfalls: Richard Rudgely: *Essential Substances – A Cultural History of Intoxicants in Society* (1995), S. 16ff.

enden, Vieh hütenden Zivilisation, die uns das erste Zeugnis einer einzigartigen Errungenschaft überliefere: Transzendenz von Raum und Zeit. Die reale Vertreibung aus diesem Paradies besorgte kein Jehova, sondern der Rückzug der Gletscher, die das afrikanische Grasland langsam austrockneten und die Bewohner nach Osten wandern ließen. Sie hinterließen ihre Spuren in der archaischen Kultur Palästinas und schließlich auf der anatolischen Hochebene in Çatal Hüyük, das kein Ursprungsort, sondern der Schlusspunkt einer Zivilisation war und deshalb keine Nachfolger fand.

So wenig wie eine vom männlichem Pflug und dem Ackerbau bestimmte Gesellschaft noch weibliche Gottheiten duldet, so wenig ließ sich die Strukturreform, die diese Technologie erforderte, mit einem rituell-religiösen Halluzinogengebrauch vereinbaren, lautet die These. Diese rituellen Feiern, die den Beteiligten lustbetont orgiastische Kollektiv-Verzückungen bescherten, fanden jeweils zum Vollmond statt, und McKenna weist darauf hin, dass der Rhythmus des Mondes, der Menstruation und Pilzwachstum steuerte, den Turnus der sexuellen und religiösen Ekstasen in Konflikt mit der neuen Technologie brachte. Wer nächtens im Mondschein tanzte, sich »Wurzel, Kalk und Stein« (Benn) anverwandte und *communio* mit dem Kosmos feierte, konnte morgens früh schlechter ackern als derjenige, der »nüchtern« zu Werke ging. Wer zudem auf diesen Bewusstseins-Reisen authentisch erlebte, dass der ganze Kosmos aus einem immateriellen Stoff gemacht ist, war für materielle Unsterblichkeits-Simulationen wie Eigentum und patriarchalische Abstammungs- und Erbschaftslinien weniger empfänglich. Das Fehlen von Kriegs- und Verteidigungsanlagen in Çatal Hüyük, die Abwesenheit von Waffen und Spuren der Sklavenhaltung oder Unterdrückung werden als Hinweise auf ein anderes Wertesystem, auf eine partnerschaftliche Kultur gedeutet. Hochgerüstete Invasoren, die das Pferd domestiziert und Streitwagen entwickelt hatten, übernahmen die Region von Çatal Hüyük: Sie ersetzten die Große Göttin durch einen patriarchalen Gott, die Kuh – »Unsere Liebe Frau der Mammute« (Joseph Campbell) – durch einen Stier und den magischen Pilz durch einen verdünnten Met-Kult, der weitere 3000 Jahre später im christlichen Abendmahlwein mündet. Dass Jesus selbst Anhänger eines geheimen Pilzkults gewesen sei und seine letzten Worte richtig übersetzt »Ich bin ein Pilz« lauten, wie der Sprachforscher und Alt-Hebräist John Allegro behauptet hat, wurde zwar mittlerweile als sensationsheischender Unsinn entlarvt, der Zusammenhang des christlichen Ritus mit der Einnahme einer bewusstseinsverändernden Substanz, der Ursprung des Sakraments in schamanistischen Pilzpraktiken ist dennoch unübersehbar. Selbst für den Vatikan, der in Gestalt des päpstlichen Hausprälaten Dr. phil. Dr. theol. Dr. h.c. Wilhelm Keilbach urteilt: »Dennoch unterliegt keinem Zweifel die Tatsache, dass heilkräftige Pflanzen und aus ihnen gewonnene aktive Substanzen in der Geschichte der Religionen eine nicht zu übersehende Rolle gespielt haben. (...) Gemeint sind wirkliche Pflanzen, die zunächst den Botaniker beschäftigen, die aber wegen ihrer Wirkfähigkeit auch in die Dimension des Seelischen hineinragen und deshalb sogar kultbegründend sein können«.[21]

Ebenso unübersehbar ist auch der Zusammenhang der berühmten Geschichte vom Goldenen Kalb mit den Rinder und Pilze verehrenden archaischen Religionen. Zweitausend Jahre Theologie haben uns

---

[21] John Allegro: *The Sacred Mushroom and the Cross* (1970). Das Buch erschien auch in einer deutschen Ausgabe: *Der Geheimkult der heiligen Pilze: Rauschgift als Ursprung unserer Religionen* (1972). Weil es sich bei Allegro um einen renommierten Bibelforscher und Hebräisch-Spezialisten handelte, erregte sein Buch, das zuvor als Serie in einem englischen Magazin erschienen war, kurzzeitig einiges Aufsehen, hielt einer kritischen Prüfung aber weder von sprachhistorischer noch von halluzinogen-historischer Seite stand. Es stellte sich heraus, dass Allegro die Veröffentlichungen von Wasson über den archaischen Fliegenpilz-Gebrauch in Sibirien und Indien einfach ausgeschlachtet, sie in ein nahöstliches Ambiente verpackt und aus Geldmangel zu einem Sensationsbericht verarbeitet hatte. Wilhelm Keilbach, zit. nach Martin Haseneier: »Der Kahlkopf und das kollektive Unbewußte – Anmerkungen zur archetypischen Dimension des Pilzes« in: *Integration. Zeitschrift für geistbewegende Pflanzen und Kultur*, Nr. 213 (1992), auch abgedruckt in R. Rippchen: *Zauberpilze* (1995).

eingeschärft, dass mit dem Tanz um das Goldene Kalb ein gottloser Tanz ums Geld, um materielle Werte, gemeint ist. Weil es sich um etwas Goldenes handelt und weil offenbar kaum jemand die Geschichte aus dem Buch Exodus nachliest, gilt diese Auslegung als selbstverständlich. Wo immer man unter dem Stichwort »Goldenes Kalb« nachschlägt, findet sich die Interpretation, dass mit der Ächtung des Tanzens ums Goldene Kalb die verbotene Anbetung des Mammons gemeint sei. Doch in Wirklichkeit berichtet die Bibel etwas ganz anderes: Während Moses' Abwesenheit hatte das Volk von seinem Bruder Aaron neue Götterbilder verlangt, die dieser verweigerte. Als das Drängen stärker wurde, schob Moses' Statthalter mangelnde Finanzmittel vor, doch das Volk war bereit, dafür alle seine Wertsachen (Gold) herzugeben, aus denen Aaron dann das Bild eines Kalbs gießen ließ. Als Moses mit den Gesetzestafeln vom Berg Sinai zurückkommt, hört er sein Volk schon von weitem »lärmen und jauchzen« und ein »lautes Singen«: *»Er näherte sich nunmehr dem Lager und sah das Kalb und die Reigentänze; da entbrannte der Zorn des Moses, und er schleuderte die Tafeln aus seiner Hand. Dann nahm er das Kalb, das sie verfertigt hatten, ließ es im Feuer verbrennen und zermalmte es zu feinem Staube, den er in Wasser schütten ließ, und gab den Israeliten davon zu trinken«* (Exodus, 32).

In diesen Sätzen wird deutlich, warum es hier nicht um den schnöden Mammon geht, wie die theologischen Interpreten von jeher behaupten, sondern abermals um eine Drogenrazzia. Das Volk tanzt nicht um das Gold, es hat im Gegenteil all sein Gold hergegeben, um wieder um das alte Symbol der Kuh tanzen zu können. Die neuen ekstatischen Werte, die die Abkehr vom Gold dem Volk einbringt, sind so gewaltig, dass Moses sie bei seiner Rückkehr zuerst für Kriegslärm hält – so begeistert wie mit der neuen, alten Göttin hatten die Kinder Israels wohl seit Langem nicht mehr gefeiert. Auch wenn von psychoaktiven Pflanzen nicht direkt die Rede ist – die Kuh und die ekstatischen Reigentänze sprechen ebenso für sich wie Moses' unzweideutige Reaktion: Er vernichtet das Kalb und gibt seinem Volk ein

Der Tanz ums Goldene Kalb

verdünntes Ersatzgetränk. Wäre mit dem Tanz um das Kalb wirklich die Verehrung von Gold gemeint, wäre dieser Schluss der Geschichte völlig überflüssig und unsinnig, erst der heilige Trank der alten Pflanzenreligion gibt der mosaischen Verteilung einer Ersatzdroge einen Sinn. Vor allem, wenn wir den erschreckenden Fortgang dieser Drogenrazzia betrachten, als sich ein großer Teil des Volks mit dem verordneten Ersatzgetränk nicht zufriedengeben will, worauf der Patriarch ihnen »die Leviten« liest. Was sich heute nach beiläufiger Strafpredigt anhört, war in Wahrheit ein brachiales Gemetzel: *»Da stellte sich Moses an das Tor des Lagers und rief: ›Wer für den Herrn ist, trete her zu mir!‹ Da scharten sich die Leviten um ihn. Er sprach zu ihnen: ›Es gürte ein jeder sein Schwert um die Hüfte! Zieht hin und her im Lager von Tor zu Tor! Es töte jeder selbst seinen Bruder, Freund und Nächsten!‹ Die Leviten handelten nach des Moses Befehl. So fielen an jenem Tag vom Volk gegen 3000 Mann.«*

Es ist diese Todesschwadron, die den mosaischen Kult von seinen Ursprüngen in der Pilzreligion der Großen Mutter endgültig abschneidet. Zwar suchen in der Folgezeit auch im Rahmen der jüdisch-christlichen Tradition immer wieder pflanzenbefeuerte Ekstasen den Durchbruch zur Innenwelt, doch gleich, ob es sich um die frühchristlichen Gnostiker, die tanzenden Sufis des Islam oder die »Hexen« des Mittelalters handelte, wurden sie stets aufs Unnachgiebigste verfolgt.

Überall, wo Menschen künftig auf dem Weg zur Transzendenz den Interspezies-Kanal des Pflanzenreichs anzapfen, schlagen Jehovas Sturmtruppen dazwischen.[22]

Das Telesterion, der große Sakralraum des eleusinischen Tempels, war nicht von ungefähr fensterlos: eine Höhle. So riesig, dass so viele Menschen darin unterkamen wie in den größten Amphitheatern der Zeit. Die christlichen Eiferer, die das Bauwerk vor 1700 Jahren zerstörten, haben von möglichen Malereien in dieser virtuellen Höhle nichts übriggelassen. Wenn überhaupt welche vorhanden waren – schließlich ging es hier um ein inneres Schauspiel –, dann dürften sie am ehesten den Nachrichten aus der schamanischen Steinzeit entsprochen haben. Denn um nicht mehr, aber auch nicht um weniger ging es in diesem Ritual: Öffnung der Sinne, Überwindung des Körpers, »Kommunikation mit dem All«. Generationen wackerer Gräzisten und Philosophen ohne jede psychedelische Erfahrung haben sich vergeblich bemüht, hinter das Geheimnis dieser Initiation zu kommen, selbst comicreife Vorschläge wie die These, dass im Telesterion ein erleuchteter Phallus sowie ein weiblicher Schoß gezeigt wurden und sich die guten Griechen hernach alle als Demeters Darling fühlten, wurden über Jahrzehnte ernsthaft diskutiert. Erst heute können wir uns ein Bild davon machen, was die in Eleusis Eingeweihten tatsächlich erlebten.

---

[22] Dies gilt auch für die späteren Lehren der jüdisch-christlich-islamischen Gnosis, die wir als »ernüchterte« Nachfolger der archaischen Pilzreligion sehen können. Hans JONAS: *Gnosis und spätantiker Geist* (1984) hat als Grundbefindlichkeit der Gnosis »Weltangst« und »Entweltlichungstendenz« diagnostiziert – ziemlich das Gegenteil dessen, was die Kinder Israels bei ihrer (Vollmond?-)Party um das Kalb der Großen Mutter zelebrierten. Wahrscheinlich sind die weit verneinenden, erdabgewandten Aspekte der Gnosis ebenso ein Produkt der Sintflut-Katastrophe wie die »emotionalen Panzer« der patriarchalen Eroberervölker. Ohne den »Kontaktkleber« der Pflanzenintelligenz laufen die Menschen Gefahr, in ihrer Gnosis (= Erkenntnis) der Ganzheit im Dualismus von Geist und Materie (Licht und Finsternis) steckenzubleiben. Ob da die von Prof. Sloterdijk empfohlene Dosis »Weltfremdheit« (vgl. P. SLOTERDIJK: *Eurotaoismus* (1989), ders./T. MACHO: *Weltrevolution der Seele* (1991)) als Remedium der abendländischen Neurosen wirklich heraushilft, ist fraglich – es sei denn, sie wird mikrogrammweise verordnet!

Ruinen- und Ausgrabungsstätte Eleusis

Am Karfreitag 1962, bevor der Gottesdienst in der Kapelle der Universität von Boston begann, verteilte Walter Pahnke Kapseln an 20 Studenten der evangelischen Theologie. Die eine Hälfte enthielt Psilocybin (30 mg), die andere ein Placebo-Präparat. Ziel des Experiments, das der Arzt und Theologe Pahnke im Rahmen seiner Doktorarbeit bei Timothy Leary an der Harvard-Universität durchführte, war die Bewertung von Psilocybin als Auslöser von mystischen Erfahrungen. Die Studie war als Doppelblind-Versuch angelegt – weder die Versuchsleiter noch die Probanden wussten, wer ein echtes Präparat erhalten hatte –, und die Bewertung der Erlebnisse während des Gottesdienstes fand später anhand eines Fragebogens statt, auf dem acht verschiedene Kriterien mystischer Erfahrung abgefragt wurden:

1 Erlebnis der Einheit *(unity)*,
2 Transzendenz von Raum und Zeit,
3 Empfinden des Heiligen,
4 Empfinden objektiver Realität,
5 Tiefe, positive Stimmung,
6 Vieldeutigkeit,
7 Unaussprechlichkeit,
8 Vergänglichkeit.

Das Ergebnis der Befragung war eindeutig: 80 Prozent der Psilocybin-Gruppe berichteten von starken Erlebnissen in mindestens sieben dieser Kategorien, in der Kontrollgruppe hingegen erreichte kein einziger diesen Umfang der Erfahrung, und alle blieben in den einzelnen Kategorien hinter den »bepilzten« Probanden zurück. Bei den Studenten handelte es sich um »ziemlich unmystische Persönlichkeiten« (Pahnke), bodenständige Amerikaner, die vorher nicht aufgefordert worden waren, Bücher über mystische Erfahrungen zu lesen, und, von einer Ausnahme abgesehen, angegeben hatten, eine solche Erfahrung noch nie gemacht zu haben. Umso erstaunlicher war dieses Ergebnis, das später vor allem von christlicher Seite kritisiert worden ist, weil zu einer »echten« mystischen Erfahrung notwendigerweise die personale »Begegnung mit Jesus Christus« gehöre, ein Einwand, den wir freilich eher als schnöde Vereinsmeierei denn als ernsthafte Kritik zu verstehen haben. Viel aufschlussreicher ist da die Langzeituntersuchung, die Rick Doblin ein Vierteljahrhundert nach diesem Karfreitag bei 19 der 20 damaligen Probanden durchführte. Alle Mitglieder der Psilocybin-Gruppe hatten lebendige Erinnerungen an das Ereignis und bezeichneten sie als einen der Höhepunkte ihres spirituellen Lebens, während die Kontrollgruppe sich kaum noch an irgendein Detail erinnern konnte:

»Jeder der Psilocybin-Gruppe empfand, dass diese Erfahrung sein Leben in einer positiven Weise beeinflusst hatte, und war froh, daran teilgenommen zu haben. Die in den Langzeitfolgen-Interviews am meisten erwähnten Effekte drehten sich vor allem um die erweiterte Wahrnehmung des Lebens und der Natur, einen vertieften Sinn für Freude, eine tiefere Verpflichtung für den christlichen Dienst oder den gewählten Beruf, erweiterte Wahrnehmung ungewöhnlicher Erfahrungen und Gefühle, gewachsene Toleranz gegenüber anderen religiösen Systemen, verstärkten Gleichmut in schwierigen Lebenskrisen, größere Solidarität und Identifizierung mit Fremden, Minderheiten, Frauen und Natur. Die Aussage der Versuchsperson K.B. ist repräsentativ für die geschilderten Langzeit-Effekte der Erfahrung: ›Sie hinterließ mich mit einer völlig unhinterfragbaren Sicherheit, dass es da eine größere Umwelt gibt als die, der ich mir bewusst bin. Ich hatte meine eigene Interpretation davon, was das ist – aber sie entwickelte sich von einer theoretischen Vorstellung zu einer Erfahrung. In mancher Hinsicht hat diese Erfahrung überhaupt nichts geändert, ich entdeckte nichts, von dem ich nicht schon geträumt hätte, aber was ich vorher gedacht hatte, auf der Basis von Lesen und Lernen, war da. Ich wusste es. Irgendwie war es sehr viel realer für mich. Ich erwarte bestimmte Dinge von Meditation, Gebet und so weiter und war vorher etwas skeptischer ... ich habe Hilfe gefunden bei Problemen, und ich glaube, etwas Richtung und Führung beim Lösen dieser

Probleme. Was ich gesehen habe, war nichts völlig Überraschendes, doch es gesehen zu haben, war ein machtvoller Anstoß für mich.‹«[23]

Ein anderer Befragter beendete sein Statement mit der Bemerkung: »Wir haben nur eine unendlich kleine Menge Psilocybin genommen, aber sie verband mich mit der Unendlichkeit.« So wie das Essen eines Pilzes ein winziger Schritt für den Hominiden war, aber ein gigantischer für die Menschheit, weil es sie ebenfalls mit der Unendlichkeit verband. Die Sätze erinnern an das Raunen der Eingeweihten von Eleusis, die sich wahrscheinlich sehr ähnlich geäußert hätten. Beziehungsweise noch sehr viel deutlicher und genauer, und deshalb müsste dieses Experiment heute noch einmal mit einer dritten, einer Eleusis-Kontrollgruppe, durchgeführt werden. Denn anders als die jungen Pastoren-Anwärter wurden die Teilnehmer der eleusinischen Feiern zuvor in Athen bei einem sechswöchigen Kursus auf die Erfahrung vorbereitet. Diese Einführungen wurden nur in Griechisch abgehalten; die Kenntnis der Sprache war das einzige Dogma der weltoffenen Erleuchtungs-Höhle von Eleusis.[24]

In seinem Höhlengleichnis berichtet Platon, wie wir uns die Erkenntnis der Welt vorzustellen haben: Wir sind in einer Höhle gefesselt und können nur in eine Richtung blicken; ein rückwärtiges Feuer wirft Licht, vor dem einige Gaukler Gegenstände vorbeitragen, die als

---

[23] Rick DOBLIN: *Journal of Transpersonal Psychology,* 1991, Vol 23., No 1., Walter PAHNKE: *Drugs and Mysticism,* Diss. (1963). Pahnke setzte seine Forschungen bis zu seinem Unfalltod 1971 fort, zuletzt arbeitete er mit sterbenden Krebspatienten. Ders.: »The psychedelic mystical experience and the human encounter with death«, in: *Psychedelic Review,* 1971, Nr. 11, 4-13. Die Polemiken von christlichen Theologen wie Ernst Benz, die drogeninduzierte Gotteserfahrung als »unverdient« und »unwürdig« abqualifizieren, dürften sich spätestens mit Doblins Untersuchung der Langzeitfolgen erledigt haben.

[24] H.P DUERR (1984) zeigt, dass als Vorgänger des eleusinischen Demeter-Tempels tatsächlich eine Höhle fungierte, die der Geburts- und Unterweltgöttin Eleutho gewidmet war. Zu Platon bemerkt er: »Es scheint kein Zufall zu sein, wenn gerade in dieser klassischen Zeit Plato seine Ideenlehre formulierte: Ist auch das Seiende dem Werden und damit

Schatten an die Wand geworfen werden. Da wir nur diese Schatten wahrnehmen, halten wir sie für die einzige, »wahrhaft wirkliche« Realität. Was würde nun passieren, wenn einer der Gefesselten sich befreite und gezwungen würde, sich sofort umzudrehen und in das Licht zu schauen? Zuerst wäre er geblendet, doch dann könnte er die Gegenstände des Schattenspiels erkennen – und würde sie nicht verstehen. Noch größer wären sein Augenschmerz und sein wütendes Unverständnis, wenn man ihn aus der Höhle ans Tageslicht zerrte, doch nach einer Weile der Gewöhnung könnte er die Sonne, die Jahreszeiten, die Welt vollständig erkennen. Soweit ist diese Geschichte als Beispiel für den platonischen Idealismus gelesen worden, den Aufstieg ins Reich der Ideen, von deren Klarheit die Materie nur ein schattenhaftes Abbild darstellt. Der Münsteraner Philosoph Hans Blumenberg, der den »Höhlenausgängen« Platons 1989 auf über 800 Seiten in einer wunderbaren, gelehrten Studie nachgegangen ist, kann deshalb schon seine Eingangsfrage: »Wie hat Platon sich entschließen können, von seiner Höhle zu sprechen, wie hat er sie erfinden können?« nicht richtig beantworten, weil er zwar »das sprichwörtliche Licht von Eleusis« kennt, aber nichts weiß von dem psychedelischen Erlebnis, bei dem Platon im fensterlosen Höhlensaal des Demeter-Heiligtums die Realität dieses Lichts erfahren hat. Nicht in Form eines Schattenspiels, einer Sinnestäuschung oder gar einer Peepshow, sondern als authentische, »wahrhaft wirkliche«

der Vergänglichkeit unterworfen, so wurzelt es doch im Zeitlosen, dem alles Sein eignet. Wer also in den Eleusinen initiiert war, der wusste, dass sein überindividuelles Wesen unsterblich war, und dieses Wissen entschärfte die Angst vor dem Tode und damit die Lebensangst« (S. 198). Warum aber war Platons Lehre kein Zufall, und warum wussten die Initiierten von der Unsterblichkeit? Weil sie in eine Höhle krochen und ihnen dort eine wie immer »mystische« oder fleischliche Vulva gezeigt wurde? Als Experte für den Mythos des Zivilisationsprozesses (vgl. Duerr: *Nacktheit und Scham* (1988), ders. : *Intimität* (1990) sollte der Autor die sog. Naturvölker eigentlich besser kennen, als dass er ihnen eine Affektstruktur unterstellt, die durch eine derartige Peep-show so nachhaltig zu beeindrucken gewesen wäre. Auch wenn die alten Griechen den Naturzustand des Paradieses schon gut 10 000 Jahre hinter sich hatten, waren sie doch noch keine teutonisch verklemmten Oberstudienräte.

Ruinen von Eleusis

Erleuchtung. Über diese Erfahrung hat er nie geschrieben, auch nicht in seinem letzten, autobiographischen Brief, und dies auch begründet: »Von mir selbst wenigstens gibt es keine Schrift über diese Gegenstände, noch dürfte eine erscheinen; lässt es sich doch in keiner Weise wie andere Kenntnisse in Worte fassen, sondern indem es, vermöge der langen Beschäftigung mit dem Gegenstand und dem Sichhineinleben, wie ein durch einen abspringenden Funken plötzlich entzündetes Licht in der Seele sich erzeugt und dann von selbst Nahrung erhält.« Das Eigentliche kann nur selbst, direkt erfahren werden, im »Sichheineinleben« – wo Logos und Mythos verschmelzen, versagt das Medium der Schrift.

Dass Platons Schweigen über das Geheimnis der Höhle freilich auch noch andere als nur medientechnische, methodologische Gründe hatte, zeigt der Schluss des Gleichnisses. Den aus der Höhle Befreiten überkommt nämlich Mitleid mit seinen gefesselten Genossen, und er überlegt, hinabzusteigen und sie aus ihrer misslichen Lage zu befreien. Doch an dieser Stelle lässt Platon den Sokrates, der die Höhlen-Geschichte erzählt, eine Warnung anfügen: Bei diesem Befreiungsversuch würde er sich, vom Dunkel wieder geblendet, »zum Gespött machen und sich nachsagen lassen, er käme von seinem Aufstieg mit geblendeten Augen zurück, und es könne sich nicht lohnen, sich an diesem Aufstieg zu versuchen«. Bei dieser Schwierigkeit des Erleuchteten, seine neu gewonnenen Wahrheiten zu vermitteln, bleibt Platon jedoch nicht stehen: »Wollte er nun Hand anlegen, andere zu befreien und hinaufzuführen, würden sie dann, sofern sie sich seiner bemächtigen könnten, ihn nicht wirklich töten?« (*Politeia* VII, 51 4). Die rhetorische Frage, die er an das Ende des Höhlengleichnisses stellt, ist bisher allgemein als Anspielung auf den Tod des Sokrates verstanden worden, obwohl es eigentlich gar keinen Grund gibt, warum Platon hier, mitten in seiner Abhandlung über den Staat, noch einmal auf den in seinem ersten Buch längst erzählten Tod seines Lehrers zurückkommen sollte. Nein, vor dem Hintergrund des geheimen heiligen Tranks von Eleusis als letztem Relikt matriarchaler Weisheitspraxis zielt Platons Warnung nicht auf den (letztlich freiwilligen) Tod des Sokrates, sondern viel eher auf patriarchale Todesschwadronen vom Kaliber der Leviten.

Der Hinweis von Alfred N. Whitehead, dass die gesamte abendländische Philosophie eigentlich nichts anderes sei »als eine Reihe von Fußnoten zu Platon«, kann an dieser Stelle um eine Pointe erweitert werden, nämlich, dass die von Platon hinterlassene Philosophie ihrerseits nichts anderes als eine Reihe von Fußnoten zur eleusinischen Erfahrung darstellt. Man hat erfolglos nach irgendeiner Geheimlehre gesucht oder Platons Besuche bei einigen pythagoreischen Kollegen als Hinweis für eine nur mündlich weitergegebene Numerologie oder Zahlenmagie gedeutet. Vor der Entdeckung der bewusstseinserweiternden Kraft des eleusinischen Tranks Kykeon konnte Platons Hinweis, über das Eigentliche keine Zeile geschrieben zu haben, für die Philologen nur nebulös bleiben. Wie oft er an der Zeremonie teilgenommen hat, ist nicht überliefert, doch dass seine Erlebnisse die oben erwähnten acht Kriterien in vollem Maße erfüllten, davon ist auszugehen. Einem die Grenze überschreitenden Bewusstsein, einem Bewusstsein, das über alles Sein, alles Manifestierte hinausragt, kann die Welt tatsächlich nur als Schatten, als Kopie, als Illusionstheater vorkommen, und nichts anderes erzählt uns Platon im Höhlengleichnis. Bemerkenswert und wichtig ist, in welchen Kontext er diese Geschichte gestellt hat: mitten in seine große Abhandlung über den Staat. Im Zentrum der Diesseitigkeit also erläutert Platon uns seine Vorstellungen über das Jenseits, die Erkenntnis des Absoluten und die Schwierigkeit, sie zu vermitteln – und unterscheidet sich damit wesentlich von einer im Dualismus von Materie und Geist steckengebliebenen Gnosis, deren Weltverneinung letztlich nur der Affirmation des elenden Status quo dient.

Für Platon hingegen ist selbst die kleinste lockere Schraube im weltlichen Universum nicht überflüssig, und er verlegt sich mit Inbrunst auf die Lösung völlig diesseitiger Probleme wie Recht, Moral und

Staatsführung – und unterscheidet sich somit nicht von den Schamanen der Frühzeit, deren Jenseitsreisen kein ekstatischer Selbstzweck waren, sondern dazu dienten, die Dinge im Diesseits geradezurücken, mit Worten. »Den Urheber und Vater dieses Weltalls aufzufinden ist schwer«, schreibt Platon, »nachdem man ihn aber auffand, ihn allen zu verkünden, ist unmöglich« (*Timaios* 28c/ V, 1 54). »Nachdem man ihn aber auffand« – beiläufiger lässt sich die Frage der Gotteserkenntnis, wegen der die «dominatorischen» Zivilisationen sich seit nunmehr 6000 Jahren gegenseitig die Seele aus dem Leib prügeln, wohl nicht beantworten. Mit der Zerstörung des »gemeinsamen Tempels der Welt«, jener virtuellen Höhle, in der Platon mit einem wohldosierten Anstoß aus dem Pflanzenreich seinen »sichtbaren, fühlbaren Gott« fand, ging die letzte Einrichtung einer Kulturen, Rassen, Klassen und Spezies überwindenden *communio* verloren. Metaphysik, seit den Tagen von Tassili eine praktische, erfahrbare Wissenschaft, wurde zu einem Disput von Blinden über die Farbe, Theologie von einem kontemplativen »Sichhineinleben« zu einem tyrannischen Dogmatismus und die mystische Erfahrung zu einem Fall für die Irrenanstalten.

So weist uns Platon als Euro-Schamane zurück an die archaische Weisheit des Anfangs, jenen Informationstransfer der Pflanzenintelligenz, mit dem wahrscheinlich alle Religion begann.

Die Blindheit gegenüber Platons mystischer Erfahrung hat vor allem auch mit der christianisierten Interpretation zu tun, die ihn als »jenseitigen« Idealisten zurechtbog und den integralen Bestandteil der griechischen Kultur – die dionysische Besessenheit, das orgiastische Kultleben, die »abscheulichen« Riten – beständig ignorierte.

»Zwei Dinge erfüllen das Gemüth mit immer neuer und zunehmender Bewunderung und Ehrfurcht, je öfter sich das Nachdenken damit beschäftigt: Der bestirnte Himmel über mir und das moralische Gesetz in mir«, wundert sich dann Immanuel Kant in seiner *Kritik der praktischen*

Vernunft. Dass in Eleusis ebendiese Integration von äußeren und inneren Gesetzen, Himmel und Moral geleistet wurde, ist 2000 Jahre nach Platon vergessen. Auch von Aldous Huxley, der Albert Hofmanns Entdeckung des eleusinischen Geheimnisses nicht mehr erlebte, sonst hätte er Platons *Timaios* – das Buch, in dem er seine Kosmologie darlegt – mit Sicherheit noch einmal zur Hand genommen. Huxley schreibt in *Die Pforten der Wahrnehmung* (1958):

»Istigkeit – war das nicht das Wort, das Meister Eckhart zu gebrauchen liebte? Das Sein der platonischen Philosophie – nur dass Plato den ungeheuren, den grotesken Irrtum begangen zu haben schien, das Sein vom Werden zu trennen und es dem mathematischen Abstraktum der Idee gleichzusetzen. Er konnte nie, der arme Kerl, gesehen haben, wie Blumen von ihrem eigenen, inneren Licht feuchteten und unter dem Druck der sie erfüllenden Bedeutung fast erbebten, nicht mehr und nicht weniger waren, denn was sie waren – eine Vergänglichkeit, die doch ewiges Leben war, ein unaufhörliches Vergehen, das gleichzeitig reines Sein war, ein Bündel winziger, einzigartiger Besonderheiten, worin durch ein unaussprechliches und doch selbstverständliches Paradox der göttliche Ursprung allen Seins sichtbar wurde«.[25]

Es geht mit diesen Hinweisen nicht darum, den direkten Regress-Ex-

[25] Aldous Huxley. *Die Pforten der Wahrnehmung* (1954). Huxley, seit *Brave New World* (1932) ein weltberühmter Autor, hatte sich über 20 Jahre mit kontemplativen buddhistischen Techniken beschäftigt, bevor ihm kurz vor seinem 60. Geburtstag von »vier Zehntelgramm Meskalin, in einem halben Glas Wasser aufgelöst« die *Doors of Perception* geöffnet wurden. Mit diesem Buch sowie mit *Himmel und Hölle* (1957) und *Moksha – Writings in Psychedelics and Visionary Experience* (1963, dt. 1983) wurde Huxley zu einem der wichtigsten Wegbereiter der kurzen Wiederkehr von Eleusis im »Summer of Love« 1967. Warum »Love« zur zentralen Message der Bewegung wurde, wusste schon Huxleys Lieblingsautor Meister Eckhart: »Was aber in der Kontemplation empfangen wird, muss in der Liebe wieder abstrahlen«. Was Huxleys Einschätzung Platons angeht, dass dieser das Sein vom Werden getrennt und zur Idee abstrahiert habe, trifft so nicht zu. Vielmehr findet das »Alles fließt« Heraklits, die Natur als sich ständig selbst Erschaffende, das evolutionäre Denken der Vorsokratiker, in Platons Kosmologie ihren letzten Niederschlag. Der eigentliche Schnitt erfolgt erst bei Aristoteles, dessen Vorstellung einer starren und mechanistischen Natur als »unbewegt Bewegendes«

press in Platons Acid-Höhle oder die psychedelische Steinzeit als Heilmittel für die »abendländische Schicksalsneurose« anheimzustellen. Paradiesische Zeiten, als wilde Kerle noch barfuß jagten, rührige Frauen Beeren sammelten und man abends am Lagerfeuer mit Hanf und Pilzen den lieben Gott eine gute Frau beziehungsweise Jehova einen eifersüchtigen Impotenzling sein ließ, können kaum als Modell für die Zukunft dienen. Auch nach einem brutalen Zeitalter wie dem der Großen Mutter mit einem Durchschnittslebensalter von kaum 25 Jahren können wir uns ebenso wenig zurücksehnen wie nach der auf Sklavenarbeit basierenden Gesellschaft des alten Griechenlands. Auch der Schamane, als geistiger Abenteurer und Kartograph der inneren Landschaften der eigentliche Held am Anfang des Menschengeschlechts, kann als Lebensmodell nicht einfach in das 21. Jahrhundert übertragen werden. Und doch werden wir die drängenden Probleme unserer Zeit nicht lösen ohne die Rückwendung zu jenem Punkt, an dem die Differenzierung von Ich und Natur, von Ego und Öko einst begann. »Zurück zur Natur!« kann dabei nicht »Zurück auf die Bäume« heißen, denn zum einen sind viel zu wenige davon da, als dass wir als gute Wilde dort alle Platz fänden, und zum anderen würde das bedrohliche Fortschreiten der Umweltzerstörung dadurch in keiner Weise aufgehalten: Die Probleme des Treibhausklimas, der

dann zu einem mächtigen Paradigma wird. Noch die heutigen Vertreter eines szientistischen Wissenschaftsbilds, wie B. Kannitschneider, geißeln Platons Kosmologie deshalb als »animistischen Hylozoismus«. Vgl. Gernot BÖHME (Hrsg.): *Klassiker der Naturphilosphie* (1989) – was insofern korrekt ist, als »hyle« im Griechischen nichts anderes ist als die personifizierte Mutter Erde, und »zoe« »lebendig« – die indogermanische Wurzel von »hyle« bedeutet soviel wie »Zeugung, Schwangerschaft, Gebären« – sowie, vgl. J POKORNY: *Indogermanisches Wörterbuch* (1989), S. 912, »berauschender Trank«! Für Nietzsche, der sich zugute hält, der erste gewesen zu sein, der »jenes Phänomen ernst nahm, das den Namen Dionysos trägt«, geht »das in der Tiefe fortwirkende metaphysische Mysterienwesen« (*Werke* Bd. IX S. 1 73) schon mit Anaxagoras zu Ende, Platon ist für ihn bereits eine Ausgeburt des »Sokratismus«, der rein intellektualistischen Verstandeskultur. Wir sehen Platon hingegen noch an der Grenze stehen: Schon der Botschafter des »reinen« idealistischen Aufstiegs, aber noch verwurzelt im Bauch der Erde und angeschlossen an den phytopharmakologischen Informationstransfer – der letzte Schamane und erste Philosoph des Abendlandes.

Artenvernichtung oder des Ozonlochs können durch Handanlegen allenfalls manipuliert werden, gelöst werden müssen sie im Kopf. Nicht Machbarkeit und Technik sind das Problem, sondern fehlende Einsicht.

Es geht um planetarisches Bewusstsein, nicht als romantisches Geschwätz, sondern als unabdingbare Notwendigkeit für die Zukunft unserer Spezies. Die Techniken, mit denen der Homo sapiens sein egozentrisches Säugetier-Bewusstsein transformieren kann, sind bekannt – weder braucht man dazu unbedingt Drogen noch Gurus, Erleuchtungsseminare oder Mind Machines, obwohl das alles durchaus hilfreich sein kann. Eigentlich braucht man nur bewusst zu atmen, die Sinne statt nach außen nach innen zu richten und versuchen, nicht zu denken. Nicht denken, und doch aufmerksam bleiben, keinen Gedanken haben, aber höchste Achtsamkeit üben. Was sich so banal anhört, ist die einfachste und gleichzeitig schwierigste Übung, die wir unserem Geist zumuten können. Und eine Grundvoraussetzung, um die Buchstabensuppe des irdischen Gehirns zu verlassen. Dass dieser Weg hinaus aus der Suppenschüssel des Realen zu den seligmachenden Buffets der Hyperrealität ein langwieriger ist und nur zu oft von Alarmmeldungen der unteren Schaltkreise (Suppenfleisch, Knochen) unterbrochen wird, scheint die planetarische Küchen-Intelligenz aber geahnt zu haben. Und hat im Grandhotel Gaia eben deshalb »Magic Mushrooms«, »Heilige Pilze«, »Fleisch der Erde« – kurz Götterspeise – auf die Karte gesetzt. Die ersten Hotelgäste, so berichten die Chroniken, sollen nach dem Genuss dieses Desserts überhaupt erst gemerkt haben, dass es sich bei diesem Haus nicht um eine beliebige Affenabsteige, sondern um das luxuriöseste 5-Billionen-Sterne-Hotel im bekannten Universum handelt. Seit allerdings im Namen eines neuen Hauptveranstalters, der **G**esellschaft zur **O**rganisation des **T**heistischen **T**ourismus (GOTT), das himmlische Dessert diskriminiert und von der Karte verbannt wurde, häufen sich die Klagen. Je weiter man das Originalrezept verfälscht und verdünnt hätte, heißt es aus der

Direktion, desto ungenierter hätten sich die Gäste aufgeführt. Besonders schlimm sei es geworden, als man damit beginnen musste, nur noch dünnen Wein und geschmacklose Oblaten zu reichen. Zwar sei das Haus seitdem ständig erweitert worden und platze vor Überbuchungen aus allen Nähten – die von GOTT durch das neue Menü versprochene »Erlösung« der Hotelbesucher sei allerdings nicht eingetreten. Im Gegenteil: Vielmehr hätten sie nun völlig entfesselt damit begonnen, die Hoteleinrichtung zu verheizen, die einst paradiesische Lounge gleiche mittlerweile schon einem giftigen Backofen, ehemals prächtige Suiten seien nur noch stinkende Kloaken. »Wenn das so weitergeht«, heißt es in einer aktuellen Presseerklärung der seit 4,6 Milliarden Jahren amtierenden Direktorin, »werden wir den seit Kurzem eröffneten Hotelbetrieb für die Gattung Homo sehr bald wieder einstellen müssen. Ihre Ignoranz hat das Maß des Erträglichen überschritten, die Übergriffe auf unsere alteingesessenen Stammgäste gefährden den wirtschaftlichen Bestand des gesamten Hauses. Dass täglich ganze Schwärme von Gästen ausbleiben, weil die eingeflogenen GOTT-Urlauber alles in Schutt und Asche legen, kann selbst ein katastrophen- und kometengeprüftes Grandhotel wie Gaia nicht länger hinnehmen. Aus diesem Grund werden erwachsene Exemplare der Gattung Homo künftig nur noch beherbergt, wenn sie sich zuvor erfolgreich mit der Hausordnung – den Gesetzen der Symbiose – vertraut gemacht haben. Um dabei langwierigen Verständnis- und Übersetzungsproblemen vorzubeugen, stellt die Direktion kostenlos Simultan-Dolmetscher aus dem Reich der Flora zur Verfügung: Als Willkommensdrink werden zur Initiation im abgedunkelten Zimmer obligatorisch fünf Gramm Pilze gereicht, zur Auffrischung bietet die Bar während der Happy Hour den Mutterkorn-Cocktail *Eleusis Light.*«[26] So, oder so ähnlich, wird die Therapie zukünftig wohl ausfallen müssen, wenn wir als Gattung im Grandhotel Gaia anwesend bleiben wollen.

---

[26] Vgl. Robert Forte (Hrsg.): *Entheogens and the Future of Religion* (1997).

Auch wenn man New Age insgesamt als den Versuch beschreiben könnte, die höheren Schaltkreise ohne pflanzliche Unterstützung zu erreichen, der weisen Direktorin ist recht zu geben: Ohne einen Schlüssel, der den wild gewordenen Intelligenzbestien schleunigst die Säle ihrer inneren Paläste und den Wellness-Bereich kosmischer Symbiose erschließt, wird ihr äußerer Zerstörungswahn kaum noch zu stoppen sein. »Ein menschliches Wesen«, hat Einstein einmal gesagt, »erfährt sich selbst, seine Gedanken und seine Gefühle als etwas von allem anderen Getrenntes – eine Art optische Täuschung des Bewusstseins. Diese Täuschung ist für uns eine Art Gefängnis, das uns auf unser persönliches Verlangen und unsere Zuneigung für einige wenige uns nahestehende Personen beschränkt. Unsere Aufgabe muss es sein, uns aus diesem Gefängnis zu befreien.« Die Vorstellung, dass wir auch im Wachzustand nur schlafen beziehungsweise aufgrund einer Art optischen Täuschung den Kosmos in unserem Kopf nicht wahrnehmen, ist die einzige Entschuldigung für die verluderte Dumpfheit, mit der die Menschheit über den Planeten torkelt.

Der Aufstieg des emotional gepanzerten und mit dem Wunderwerkzeug der Vernunft bewaffneten Egos hat zu einem so phantastischen Zuwachs von Problemlösungen geführt, dass es möglich wäre, noch für die doppelte Menge Menschen auf diesem Planeten ausreichend Nahrung, Energie und erträgliche Umweltbedingungen zu schaffen und diesen Reichtum auch gerecht zu verteilen. Im Prinzip und theoretisch, doch praktisch lassen wir jedes Jahr ein paar Millionen Menschen verhungern, was unser »Zeitalter der Vernunft« von den archaischen Ritualen der Steinzeit und dem Sklavenstaat Griechenlands gar nicht so weit entfernt. Was die Zahl der täglichen Menschenopfer betrifft, nimmt es der Tempo-Gott Auto allemal mit den alles verschlingenden Ungeheuern der Vorzeit auf. Wie auch immer, dass die rationale und technische Erfassung der Welt nicht gleichbedeutend ist mit einer Rationalität des Handelns, ist offensichtlich. Der Verhaltensforscher Konrad Lorenz hat dafür einmal das Bild eines Neandertalers gebraucht, der am Startknopf einer Atomrakete sitzt: Seine technischen Fertigkeiten, die Beherrschung der Details sind immens fortgeschritten, der Blick auf das Ganze, auf die Konsequenzen, aber auf der Strecke geblieben. Wer erfährt, dass der ganze Kosmos aus einem Stück ist, dass alles mit allem zusammenhängt und sich dieses Eine als Eines und gleichzeitig in einer unermesslichen Vielfalt manifestiert, erfährt auch sein Ich nur als eine dem Verstand dienstbare Fiktion. Generationen von Philosophen haben sich darüber gewundert, wie Platon die Existenz eines Guten, eines Schönen sowie einer höheren Wahrheit einfach voraussetzen kann – seit dem »Weg nach Eleusis« ahnen wir, woher er seine Sicherheit nahm: Er hat dieses Wahre, Gute, Schöne, das sich aus der Wahrscheinlichkeitswolke des Einen jeden Augenblick neu manifestiert, schlicht und ergreifend erlebt – die Dynamik eines Naturgeschehens, das von den Nebeln der Galaxien bis in den neurochemischen Mikrokosmos des Gehirns ein einziges selbstorganisiertes System darstellt, das aus dem Ungleichgewicht ständig neue, höhere Ordnungszustände anstrebt. »Wenn man einen solchen visionären Zustand erfahren hat«, schreibt Antonin Artaud, »ist es ausgeschlossen, dass man wie zuvor Wahrheit und Lüge verwechselt. Man hat gesehen, woher man kommt und wer man ist. Denn im Bewusstsein ist das Wunderbare, mit ihm gelangt man über die Dinge hinaus.«

Der Surrealist und Theaterrevolutionär Artaud, der sein Eleusis bei einem Peyote-Ritual mexikanischer Indianer erlebte, hat sich nicht nur noch drastischer als Platon gegen die schriftliche Übermittlung des Eigentlichen geäußert (»Alles Geschriebene ist Schweinerei«), sondern auch einen wichtigen Hinweis auf die Sprachmagie der mystischen Erfahrung gegeben: »Die Kruste der Wörter: Man darf sich nicht einbilden, dass die Seele nicht darin eingeschlossen ist«, heißt es in seinem *Höllentagebuch*. Das Eigentliche ist unsagbar, weil sich die Sprache mit ihrem symbolischen System dazwischenschiebt und eine symbolische Welt erschafft, die nicht mehr identisch ist mit dem Eigentlichen, das nur erfahren werden kann, wenn die »Kruste der Wörter« abgeschüttelt ist.[27]

Dass Studenten des psychologischen Seminars im Garten der ehrwürdigen Harvard-Universität am Rasen schnupperten, Baumrinde knabberten und grunzende, atavistische Geräusche von sich gaben, hielt ihr Professor Timothy Leary zwar für ganz selbstverständlich – sie nahmen, gefördert durch 50 Mikrogramm LSD, gerade Kontakt mit den Bewusstseinsebenen der Erde, Bäume und Tiere auf – und im Sinne des Demeter-Mythos war dieser Abstieg ins Elementare ebenfalls ganz normal. (»Oh, dass wir unsere Ur-Ur-Ahnen wären, ein Klümpchen Schleim in einem warmen Moor«, heißt es bei Benn). Die Harvard-Direktion und die Öffentlichkeit sahen das allerdings etwas anders, und so währte die Wiederkehr von Eleusis im westlichen Wissenschaftstempel Nummer eins nur einige Semester lang. Nach einem überwältigenden Erlebnis auf seinem ersten Pilztrip bei einem Urlaub in Mexiko hatte Leary 1960 sofort damit begonnen, Halluzinogene in seine verhaltenspsychologische Forschung einzubeziehen.

Neben dem Karfreitags-Experiment gehörte dazu auch ein äußerst interessanter Versuch mit Insassen eines Staatsgefängnisses, bei denen die Wirkung einer Psilocybin-Therapie auf die Resozialisierungschancen getestet wurde. Während die normale Rückfallquote in diesem Gefängnis bei 80 Prozent lag, sank sie bei den Gefangenen, denen der (nunmehr synthetische) Pilzwirkstoff offenbar einen Kontakt zum platonischen Reich des Guten vermittelt hatte, auf 25 Prozent. Es wurde Leary später von einigen Forschern vorgeworfen,

---

[27] Antonin Artaud: *Frühe Schriften* (1983). »Was schwatzest du von Gott, wo doch alles, was du sagst, falsch ist«, hat der Mystiker des deutschen Mittelalters, Meister Eckhart, es ausgedrückt – ganz auf einer Linie mit Laotse: »Das Tao, über das man sprechen kann, ist nicht das eigentliche Tao.«

er habe durch seine messianische Propaganda für den individuellen Halluzinogen-Gebrauch selbst dafür gesorgt, dass die Anfang der 60er Jahre noch legalen Substanzen verboten und dadurch die Fortsetzung solcher vielversprechenden Experimente über Jahrzehnte blockiert wurde. Daran mag etwas richtig sein, doch andererseits löste Leary als gefallener Engel der Wissenschaft eine Kulturrevolution aus, deren soziale und politische Experimente die folgenden Jahrzehnte sehr viel nachhaltiger beeinflusst haben, als es einer kontrollierten, wissenschaftlichen Erforschung dieses chemischen Wunders je möglich gewesen wäre.[28]

Bei den Geheimdiensten und Militärs, die an neurologischen Kampfstoffen stets als erstes Interesse zeigen, war Albert Hofmanns LSD in den 50er Jahren durchgefallen: sowohl als Wahrheitsdroge wie auch als Gehirnwaschmittel oder Chemiewaffe zur Auslösung von Massenpsychosen hatte sich das eleusinische Ambrosia als strategisch unkalkulierbar erwiesen. Mit welchen unverantwortlichen Methoden (und üblen Folgen) die CIA diese »Menschenversuche« an unwissenden, unvorbereiteten Versuchspersonen durchführte, kam erst im Zuge des »Freedom of Information Act« in den 80er Jahren ans Licht – die Vorwürfe im Prozess gegen Leary hingegen, dass seine Aufrufe zur neurochemischen Bewusstseinsrevolution »tausende junger Amerikaner das Leben gekostet« hätten«, ließen sich mit seinen Schriften und Äußerungen genauso wenig belegen wie mit anderen Fakten. Um ihm als »Verführer der Jugend« dennoch die Leviten zu lesen, hatte man ihn wegen ein paar Gramm Marihuana, die man bei einer Grenzkontrolle bei seiner Tochter entdeckt hatte, zu 38 Jahren Zuchthaus verurteilt. Er war eine Art Sokrates der Gegenkultur. Anfang der 60er Jahre hatte er noch mit den Weisen der

[28] Vgl. T Leary: *Flashbacks – Denn sie wussten, was sie tun* (1987). Martin A. Lee/Bruce Shlain: *Acid Dreams – The Complete Social History of LSD: The CIA, the Sixties and Beyond* (1992), Paul Devereux: *The Long Trip* (1997).

damaligen Zeit psychedelische Symposien abgehalten und über den rechten Weg gestritten, wie das eleusinische Wunder der Welt nahezubringen wäre. Aldous Huxley, der mit seinen Büchern *Die Pforten der Wahrnehmung* und *Himmel und Hölle* gerade so etwas wie das Manifest des anbrechenden Zeitalters geliefert hatte, plädierte für eine diskrete Unterwanderung der intellektuellen und politischen Eliten. Arthur Koestler sah allenfalls rekreative Verwendungsmöglichkeiten, lehnte aber jeden »Instant-Mystizismus« ab: »Es ist wunderbar, kein Zweifel – aber es ist Fake, Ersatz [...] es ist keine Weisheit da. Heute Nacht habe ich das Geheimnis des Universums entdeckt, aber heute Morgen habe ich vergessen, was es war.« Gegenüber Huxley meinte er, dass der Gipfel der Weisheit mühsamen Aufstieg erfordert, er aber einfach den Sessellift benutzen würde. Worauf Huxley entgegnete: »Ja, aber die Aussicht ist dieselbe.«

Der Dichter Allen Ginsberg war davon so überwältigt, dass er kaum davon abzubringen war, nackt auf die Straßen zu laufen, um allen New Yorkern von der Brüderschaft der ewigen Liebe zu künden. Ihm wäre wohl nichts anderes widerfahren als das, was auch Platons Höhlenflüchtling von der Verkündigung der Wahrheit abhielt. Nur William S. Burroughs, der Junkie und Drogen-Magier, blieb gelassen und gab seinen enthusiastischen Kollegen die nüchterne Weisheit mit auf den Weg: »Alles, was mit Chemie erreicht werden kann, kann man auch ohne sie erreichen«. Martin A. Lee und Bruce Shlain haben in ihrer Sozialgeschichte des LSD (*Acid Dreams*, New York 1992) die Wiederentdeckung des eleusinischen Rituals – nunmehr in Form der von Leary und seinen Kollegen erarbeiteten Gestaltungs- und Verhaltensregeln (»Set« und »Setting«) – detailliert beschrieben und gezeigt, wie die »Leviten« dieses Mal auf die Wiedereinführung der alten pflanzenbefeuerten Religion reagierten. Nicht nur indem sie Leary als vermeintlichen Hohepriester einem Inquisitionsprozess unterwarfen und jugendliche Anhänger der neuen Kultur (»Langhaarige« und »Gammler«)

als parasitären Abschaum ausgrenzten, sondern auch, indem sie ein »Ersatzgetränk« anboten. Im Jahr 1967 wurde die Szene an der Westküste und New York plötzlich mit Heroin überschwemmt, und die »Väter« der psychedelischen Bewegung – wie Ginsberg – erfuhren recht bald, wer die neue Quelle für das ruhigstellende, tödliche Opioid war: die CIA. Als Ginsberg den Geheimdienst in der *New York Times* öffentlich anklagte, erntete er Beschimpfungen des Herausgebers C.L. Sulzberger, für die dieser sich allerdings zehn Jahre später entschuldigte und nach Durchsicht von Akten über das CIA-Engagement im Goldenen Dreieck dem Schriftsteller gegenüber zugab: »Tatsächlich hatten Sie recht.« Die pharmakologische Befriedung des kulturellen Aufruhrs gelang, die Helden der Gegenkultur – Hendrix, Joplin, Morrison – fielen wie die Dominosteine, Energie und Euphorie des kurzen eleusinischen »Summer of Love« weichen einem dumpfen, tranquillierten »Burnout«. Ein Tanz ums Goldene Kalb war einmal mehr mit Gewalt beendet worden – und auch der Blick auf die Gegenkultur der 60er Jahre zeigt, wie unsinnig die gängige Interpretation der Geschichte ist. Was die Patriarchen der 60er unterbinden, ist nicht der Tanz um das Gold, die Verehrung des Materiellen, sondern das Gegenteil: dass die Hippies und Gammler auf den Mammon pfeifen, sich tanzend mit den Alkaloiden der Pflanzenwelt verbünden und die Symbole der alten, weiblichen Gottheiten wiederauferstehen lassen. Es würde den Rahmen dieses Essays sprengen, die Folgen des gewaltigen Impakts aufzuzeigen, den das kurze Aufscheinen des eleusinischen Lichts für die Kulturrevolution der 60er Jahre hatte.

Einige Stichworte und Äußerlichkeiten müssen genügen. Feminisierung (langhaarige, weichere Männer/selbstbewusstere, stärkere Frauen), gesteigerte Naturwahrnehmung (»Entdeckung« der Ökologie, aus den Rainbow Gatherings der Hippiebewegung entsteht später Greenpeace), allgemeine Sensibilisierung (ganzheitliches Denken,Vegetarismus, Bio-Energie) Hedonismus (Entkrampfung der

Ein Überbleibsel des monumentalen Eingangstors (Propyläa) in Eleusis.

Sexualität, Happenings, Be-Ins), Kollektivierung (Kommunen, Kooperativen; aus der undogmatischen Neuen Linken werden später – Demeter lässt grüßen! – Die Grünen). Ebenso deutliche Spuren wie in den gesellschaftlichen Strukturen hat die Wiederkehr des eleusinischen Tranks in der Ästhetik der westlichen Welt hinterlassen (von den »psychedelischen Beatles« zum Neo-Schamanen Joseph Beuys, vom Stroboskop der Acid-Tests zur Video-Ästhetik der 90er) – sowie in der Religion (»Jesus Christ Superstar«, Spiritualisierung, Yoga) und Wissenschaft (New Age). Ich behaupte damit nicht, dass alle diese Entwicklungen allein deshalb stattgefunden haben, weil zwischen 1960 und 1967 plötzlich einige Millionen Menschen LSD nahmen, doch dass ohne diesen mächtigen Katalysator diese Kulturrevolution zu diesem Zeitpunkt und mit dieser Ausprägung nicht stattgefunden hätte, scheint mir so sicher wie das Amen, das die Kirchen dazu verweigern. Auch was unter dem Schlagwort »68« gefasst wird, wäre ohne die »eleusinische« Vorgeschichte, die mit Hofmanns Entdeckung beginnt und ab 1960 Kreise zieht, nicht denkbar. Ja, es ließe sich zeigen, dass die Impulse der »Blumenkinder«, wie die geistig wiedergeborenen Geschöpfe Demeters in den Medien tatsächlich genannt wurden, gesellschaftlich sehr viel wirksamer waren als die rein politischen Aktivitäten der studentischen Kader.[29]

Erinnern wir uns noch einmal an das Diktum von Burroughs – alles, was mit Alkaloiden erreicht werden kann, kann auch ohne sie erreicht werden. Tatsächlich ist das Gehirn in der Lage, bestimmte Neuro-

[29] Wer's nicht glaubt, lese heute noch einmal die Polit-Pamphlete von 1967ff. – ein grauenhaft dogmatischer Murks zwischen Marx und Mao. Geblieben und für die heutige Zeit wichtig ist davon wenig bis nichts. Damit soll die Bedeutung der sozialen Bewegung von 1968 nicht heruntergespielt werden, überlebt haben aber letztlich nur die kulturellen Impulse. Die »Kommune I« war insofern wichtiger als der ganze SDS, eine Handvoll Haschrebellen und Spaßguerilleros waren wirksamer als das ganze Wahnsinnskommando der RAF, die »Körnerfresser« und »Müslifreaks« – und nicht die KPDML/AO und andere Politsekten – die eigentliche Avantgarde.

transmitter selbst zu produzieren, deren Wirkung denen pflanzlicher Alkaloide entspricht. So können Marathonläufer und Ausdauersportler ein Lied von der Ekstase singen, die beim Erreichen eines bestimmten Schmerz- und Erschöpfungsniveaus durch den Ausstoß von Endorphinen (körpereigenen Opiaten) ausgelöst wird. Anfang der 90er Jahre entdeckte Raphael Mechoulam an der Universität Jerusalem einen neuronalen Botenstoff, der eine ähnliche psychoaktive Wirkung wie Cannabis auslöst und Anandamid (nach dem Sanskritwort *ananda* = Glückseligkeit) genannt wurde[30]. Auch DMT (Dimethyltryptamin), ein dem Psilocybin verwandtes, extrem starkes Halluzinogen, das für die Wirkung der heiligen Pflanzentränke im Amazonasgebiet (Ayahuasca, Yagé) sorgt, gehört zur körpereigenen Hausapotheke. Unter bestimmten Bedingungen ist das Gehirn also auch selbst in der Lage, außergewöhnliche Bewusstseinszustände herzustellen, und die verschiedenen »heiligen« Praktiken – vom rituellen Tanzen und Trommeln über Meditations- und Atemübungen bis zu den Techniken der Deprivation (Fasten/Reizentzug) – dienen letztlich nichts anderem als einer solchen Veränderung des Bewusstseins. Es müsste also nicht zwingend so gewesen sein, dass der Funke der Erleuchtung den Hominiden kurz nach dem Mittagessen traf, wie oben behauptet – eine durch Naturkatastrophen ausgelöste längere Fastenzeit oder ein kilometerlanger Dauerlauf auf der Flucht vor einem hungrigen Raubtier könnte ähnliche Zustände ausgelöst haben. Doch die ersten Meister dieser Technik, die Schamanen, treten uns nicht als Asketen oder Jogger entgegen, sondern als Pflanzenkundige, und die Gründe für die Ausbreitung ihrer Kunst

---

[30] Vgl. F. Grotenhermen: *Cannabis als Medizin* (1996), L. Grinspoon: *Marihuana, die verbotene Medizin* (1994). Hanf ist eine der ältesten Heilpflanzen der Menschheit, das Aspirin der Antike, und war noch um die Jahrhundertwende eine der meistverordneten Arzneien in Europa. Abgelöst wurde die krampflösende und entspannende Universalmedizin vom Acker erst durch ein Stöffchen, das als Bestseller die kleine Farbenfirma Bayer zum Weltkonzern machte – Heroin. Vgl. Mathias Bröckers (Hrsg.): / Jack Herer *Die Wiederentdeckung der Nutzpflanze Hanf* (1993/2020).

sind mit Sicherheit weniger in Volksläufen oder kollektiven Hungerstreiks zu suchen als in der Anwesenheit heiliger Pflanzen auf dem steinzeitlichen Speiseplan. Der denkbar schlechte Ruf, der Zusammenhang mit Elend, Sucht und Kriminalität, in dem diese Pflanzen als »Drogen« heute stehen, macht es schwierig, ihre wichtige Rolle bei der Entstehung der Religionen anzuerkennen: Dass ausgerechnet diese dem »Reich des Bösen« entstammenden Substanzen grundlegend für die Erkenntnis des »Reiches Gottes« gewesen sein sollen, mag je nach Standpunkt des Beobachters nach Blasphemie, nach Naivität oder nach beidem klingen. Doch die erst in den letzten Jahrzehnten gewonnenen Erkenntnisse aus den Bereichen der Ethnobotanik, der Gehirn- und Bewusstseinsforschung sowie die anthropologische und archäologische Entdeckung der »psychedelischen Steinzeit« lassen darauf schließen, dass die Rolle bewusstseinsverändernder Pflanzen am Anfang der Religion bisher deutlich unterschätzt worden ist. Bei einer Neubewertung dieser Rolle gilt es freilich, den simplifizierenden Kurzschluss heilige Pflanzen = höheres Bewusstsein = bessere Menschen zu vermeiden – und festzuhalten, dass Ekstase, das Außer-sich-Geraten des Bewusstseins, am Anfang der Religion steht und die heiligen Pflanzen einen, aber nicht den einzigen Schlüssel bereitstellen, der dem menschlichen Geist diese Bewusstseinsräume öffnet.

Wenn, wie beschrieben, die Rationalisierungsmaßnahme »Monotheismus« mit einer stetigen Verdünnung der entheogenen (»den inneren Gott manifestierenden«) Substanzen einhergeht, haben sich die verschiedenen kontemplativen Techniken der Gotteserfahrung vermutlich erst als Folge dieser Maßnahmen entwickelt. Seit der Zugang zum Baum der Erkenntnis tabuisiert ist, müssen Adam und Eva sich »im Schweiße ihres Angesichts« kasteien, um zum Eigentlichen durchzudringen; der Lift zur Gipfelerfahrung ist geschlossen. Der große Erfolg dieser Maßnahme beruhte vor allem darauf, dass sie das Einssein mit dem Absoluten vom nächsten Vollmond auf den

Sankt-Nimmerleins-Tag verschob und als Vollstrecker dieser Erlösung einen kommenden Messias installierte; Gott also von einer irdischen, jederzeit erreichbaren Angelegenheit zu einer jenseitigen machte – und dadurch ein ungeheures Arbeitspotenzial freisetzte.

Der evolutionäre Vorteil, den dieses Organisationsmodell in der nachsintflutlichen Zeit für das Bio-Überleben mit sich bringt, ist offensichtlich – um den emotionalen Panzer seines Egos stark zu machen, um Trauma und Terror der Katastrophe zu überleben, musste der Mensch für eine Weile vergessen, dass das Werkzeug zur Auflösung des Egos im Absoluten allzeit aus dem Unrat und Moder am Wegesrand wächst. Die Drogenrazzia im Garten Eden und der Massenmord der Leviten wären insofern auch als eine Art Notstandsmaßnahme zur allgemeinen Mobilmachung zu lesen, und nichts anderes sagt das Buch Genesis ja auch mit seiner Anweisung «Geht und macht euch die Erde untertan». Weil es aber an der Zeit ist, diese mittlerweile selbstmörderische Mobilmachung zu stoppen[31], von einem dominanten wieder zu einem partnerschaftlichen, symbiotischen Verhältnis zur Erde zu kommen, scheint es auch notwendig, sich wieder der archaischen Techniken dieses Kontakts mit dem Absoluten zu besinnen. Nicht um damit in das Zeitalter des Prä-Rationalen und des Aberglaubens zurückzufallen, sondern um der Tunnelrealität eines zu Ende gehenden, destruktiven Rationalismus den Horizont des Trans-Rationalen zu öffnen.

[31] Das hat mittlerweile sogar der amtierende Papst Franziskus erkannt und darauf hingewiesen, dass es sich bei dem biblischen Gebot »Macht euch die Erde untertan«, um einen Übersetzungsfehler handelt. »Macht euch der Erde untertan« müsse es richtig heißen!

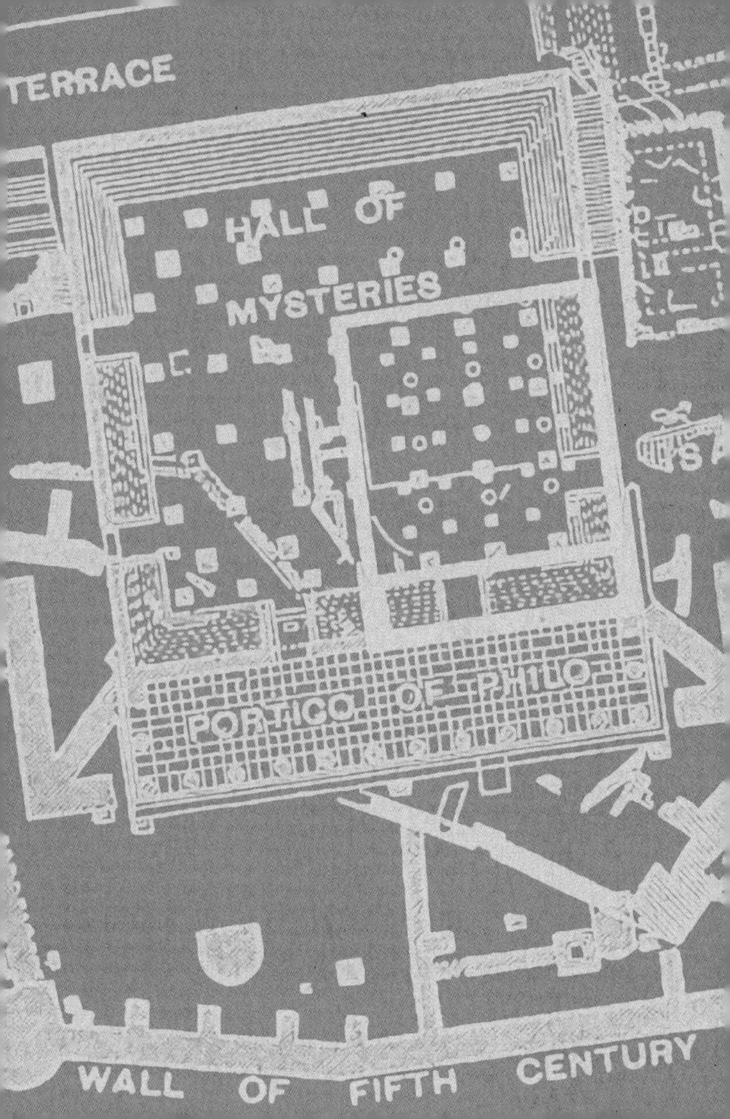
TERRACE
HALL OF MYSTERIES
PORTICO OF PHILO
WALL OF FIFTH CENTURY

Nachwort

Der Ursprung dieses Essays in Form eines Vortrags brachte mir Mitte der 1990er Jahre die Freundschaft Albert Hofmanns ein. Ich hatte ihm mit der Post eine Kopie des Vortragstextes geschickt und war hocherfreut, wenig später eine Antwort von ihm zu erhalten, dem einer seiner Vorträge beigefügt war, den er kurz zuvor gehalten hatte. Als ich ihn dann mit seinem Verleger Roger Liggenstorfer auf der Rittimatte besuchte, sprachen wir auch über meinen kleinen Vortrag und am Ende fiel ich fast vom Sessel, als Albert sagte: »Also, das ist das Beste, was ich seit langer Zeit zu Eleusis gelesen habe, mach da auf jeden Fall weiter.« Das nahm ich mir natürlich zu Herzen und recherchierte weiter zu diesem wichtigsten Heiligtum und größten Mysterium der abendländischen Antike und seinem psychedelischen Treibstoff. In erweiterter Fassung erschien er dann in meinem Buch *Das sogenannte Übernatürliche – Aufbruch zu einem neuen Naturverständnis* (1998).

Zusammen mit Roger habe ich dann 2006, zu Alberts 100. Geburtstag, den Band *Albert Hofmann und die Entdeckung des LSD – Auf dem Weg nach Eleusis* herausgegeben – mit seinen Vorträgen aus den letzten Jahren und Würdigungen seiner Freunde und Mitarbeiter. Dass dort Eleusis im Titel auftaucht, war sein persönlicher Wunsch, denn eine Rückkehr dorthin – nicht an den Ort, sondern an den Geist von Eleusis – schien ihm notwendig und dringend angesichts der zunehmenden Zerstörung der natürlichen Lebensgrundlagen und der Zerissenheit der Gesellschaften und der Einzelnen. Er war überzeugt, dass die LSD-Erfahrung ein Werkzeug sein kann, um die verlorene Ganzheit zurückzuerlangen, ein Bewusstsein der Einheit von Menschen, Pflanzen und Tieren zu schaffen, die

Wahrnehmung des immateriellen, geistigen Zusammenhangs, der alles verbindet. Und er konnte sich gut vorstellen, dass es für solche Initiationen wieder »Tempel« geben müsste, wo junge Menschen diese Erfahrung machen können, gut vorbereitet und unter fachlicher ritueller Leitung wie einst in Eleusis. Mit der jüngsten Wiederentdeckung psychedelischer Substanzen in der Psychotherapie klingt so ein Vorschlag längst nicht mehr so radikal utopisch wie in den Jahrzehnten, als LSD als »Wahnsinnsdroge« vor allem Albert Hofmanns Sorgenkind war. Und so ist der Titel dieses Büchleins – *Die Rückkehr nach Eleusis* – durchaus eine Aufforderung, eine Zukunft zu schaffen, in der solche Institutionen wieder eingerichtet sind und es jedem Menschen ermöglicht ist, diese Erfahrungen zu machen.

Dazu könnte auch beitragen, dass die von Albert Hofmann, Gordon Wasson und Carl Ruck Ende der 1970er Jahre geleistete Aufdeckung des psychedelischen Geheimnisses der Mysterien, das damals nicht – wie es sich eigentlich gehört hätte – in der Wissenschaft der Religionen, Psychologie und Anthropologie wie eine Bombe einschlug, jetzt wieder zum Thema geworden ist. In Form des 2020 erschienen *New-York-Times*-Bestsellers von Brian Muraresku (*The Immortality Key: The Secret History of the Religion with No Name*), der sich darüber wunderte, dass diese bedeutende Entdeckung wissenschaftlich weitgehend ignoriert wurde. Bei seinen Recherchen stieß er dann darauf, dass sich der psychedelische Trank von Eleusis in Form des besonderen, von Frauen zubereiteten dionysischen Weins im gesamten griechischen Großreich verbreitet hat. Auch in die Weinregion von Galiläa, wo später der Wanderprediger Jesus mit seinem ersten Wunder die »trockene« Hochzeit von Kanaan in ein weinseliges Fest verwandelte – ganz in der Tradition der alten Religion, den Demeter und Dionysos geweihten Ritualen in Eleusis. Bis ins 4. Jahrhundert setzte die im römischen Reich verfolgte Sekte der Christen solche Rituale in Katakomben

Albert Hofmann in Eleusis

und Privathaushalten fort. Als Kaiser Konstantin das Christentum dann zur Staatsreligion machte, verschwanden die Priesterinnen aus den Ritualen, das Sakrament wurde zum Placebo, und der größte und wichtigste Tempel des Abendlands in Eleusis wurde zerstört. Dass die kleine Stadt, die ihn beherbergte, 2021 zur »Kulturhauptstadt Europas« ernannt wurde, ist insofern lange überfällig. Denn die Mysterien von Eleusis sind nichts anderes als die Wiege der abendländischen Kultur, Religion und Philosophie. Ihr geistiger Geburtshelfer war nichts anderes als der Pilz, dessen Wirkstoffe Albert Hofmann 1943 entdeckt hat: das Mutterkorn.

Mathias Bröckers

Weiterführende Literatur

BLOCH, Leo (1896), *Der Kult und die Mysterien von Eleusis*, Hamburg: Verlagsanstalt A.-G. (vorm. J. F. Richter)

ENGLERT-FAYE, Conrad (1996), *Lob der Demeter – Aus den Mysterien von Eleusis*, Basel: Verlag Die Pforte

GREINER, Wolfgang (1982), *Eleusis – Göttermythos und Einweihungsweg*, Berlin: Philosophisch-Anthroposophischer Verlag

KALLIOPE, Preka-Alexandri (1991), *Eleusis*, Athen: Ministry of Culture

KERÉNYI, Carl (1991), *Eleusis: Archetypal Image of Mother and Daughter*, Princeton University Press

LAUENSTEIN, Diether (1987), *Die Mysterien von Eleusis*, Stuttgart: Verlag Urachhaus

MURARESKU, Brian C. (2020), *The Immortality Key: The Secret History of the Religion with No Name*, Macmillan

PLASSMANN, J.O. (1982), *Orpheus – Altgriechische Mysterien*, München: Eugen Diederichs

RUCK, Carl A.P., STAPLES, B.D. und HEINRICH, C. (2001), *The Apples of Apollo*, Durham: Carolina Academic Press

THEMISTOKLES, Malteso Georg (1956), *Eleusis und die Mysterien*, Kaiserslautern: E. Lincks-Crusius

WASSON, R. Gordon, HOFMANNN, Albert und RUCK, Carl A.P. (1984), *Der Weg nach Eleusis*, Frankfurt/M.: Insel

WASSON, R. Gordon, KRAMRISCH, Stella, OTT, Jonathan und RUCK, Carl A. P. (1992), *Persephones Quest: Entheogens and the Origins of Religion*, Yale University Press

ZUR NEDDEN, Otto C.A. (1970), *Eleusis – Der Unsterblichkeitsgedanke bei den Griechen*, Wuppertal: Staats-Verlag

Bildquellen

Seite 6:	Napoleon Vier, CC-BY-SA 3.0
Seite 9:	Zde, CC-BY-SA 4.0
Seite 10:	Zdenek Kratochvil, CC-BY-SA 4.0
Seite 13:	Carole Raddato, CC-BY-SA 4.0
Seite 17:	Davide Mauro, CC-BY-SA-4.0
Seite 19:	Lucas Cranach d.Ä.,Adam und Eva (Gemäldepaar), ca. 1518
Seite 26:	Susanne G. Seiler
Seite 32:	Anthony Stanley
Seite 35:	George E. Koronaios, CC-BY-SA 4.0
Seite 36:	Davide Mauro
Seite 42:	Laudibi | Dreamstime.com
Seite 45:	Nevit Dilmen
Seite 50:	Henri-Paul Motte: Der Tanz der Israeliten ums Goldene Kalb (1899)
Seite 52–53:	Carole Raddato, CC-BY-SA 4.0
Seite 58:	Carole Raddato, CC-BY-SA 4.0
Seite 72:	Susanne G. Seiler
Seite 77:	Davide Mauro, CC-BY-SA-4.0
Seite 81:	Roger Liggenstorfer
Seite 85:	Mathias Bröckers
Seite 86–87:	Aus Gustav Droysen: »Historischer Handatlas«

Der Autor

Mathias Bröckers, Bestseller-Autor und Redakteur der *taz* sowie Kolumnist für *Die Zeit* und *Die Woche*, schrieb mit Jack Herer den bahnbrechenden Bestseller *Die Wiederentdeckung der Nutzpflanze Hanf* (1993). Mitautor von *Hanf im Glück* (Nachtschatten Verlag), Verfasser von *Cannabis Hanf Hemp Chanvre Canamo*, *Keine Angst vor Hanf* und des Bestsellers *Verschwörungen, Verschwörungstheorien und die Geheimnisse des 11.9.* sowie zahlreicher anderer vielbeachteter Bücher und Artikel.

DORIS
PHOCIS
Parnassus M.
Lycoreus M.
Amphicaea
Drymaea
Charadra
Elatea
Tithorea
Hyampolis
Abae
Opuntii
Daulis
Panopeus
Chaeronea
Orchomenus
Hippius Camp.
Lebadea
Laphystius M.
Coronea
Libethrius M.
Helicon Mons
Thisbe
Creusis
Bulis
Stiris
Marathus
Phlygonium
Medeon
Anticyra
Cirphis M.
Echedamia
Cirrha
Crisa
DELPHI
AMPHISSA
LOCRIS
HESPERIA
OZOLIS
Tritaea
Chaleum
Oeanthea
Phaestus
Sinus
Crisaeus
SINUS CORINTHIACUS
Aegae
Aegira
ACHAIA
Sinus
Alcyon
Heraeum Pr.
Peraeum
Lechaeum
Isthmus
Acrocorinthus
CORINTHUS
Cenchreae
Oneum M.
Solygea
CORINTHIA
ARGOLIS
Arachnaeus M.
UMGEBUNG VON ATHEN.
Mafsstab 1: 400000.
Kilometer
Thriasius Campus
Thria
Erchia
Eleusis
Eleusis Sinus
Eleusinus
Boeotus M.
Acharnae
Athmonum
Anchesmus M.
Phlya
Alopece
ATHENAE
Agrae
Corydallus
Salamis
Piraeeus
Phalerum
Halimus
Colias Pr.
Aexone
Hymettus M.
Pedion
Bate
Lycabettus M.
W. Sieglin rev.
23

BOEOTIA
EUBOEA
Dirphys M.
Diacria
Lelantinus Campus
CHALCIS
Tamynae
Porthmus
Eretria
Eretria vetus
Phocaria I.
Anthedon
Salganeus
Messapius M.
Hypatus M.
Mycalessus
Aulis
Harma
Schoenus
Glisas
Tetracomia
Aonius Campus
Teumessus
Eleon
THEBAE
Teumessus M.
Pharae
Tanagra
Delium
Oropus
Therapne
Parasopia
Erythrae
Scolus
Panacton
Sphendale
Rhamnus
Diacria
Aphidna
Tricorythus
Parnes M.
Decelea
Marathon
Phyle
Cynosura Pr.
Probalinthus
Brilessus M. (Pentelicon)
Acharnae
Thriasius Campus
ATTICA
Eleusis
Sinus Eleusinius
Pedias
Gargettus
Pallene
Araphen
MEGARA
Tripodiscus
Halae Araphenides
ATHENAE
Hymettus M.
Angele
Paeania
Mesogaea
Salamis
SALAMIS
Piraeeus
Phaleron
Brauron
Steiria
Aexone
Anydrus M.
Lamptrae super.
Salamis vet.
Halae Aexonides
Hydrusa I.
Anagyrus
Paralia
Lamptrae infer.
Potamos
Prospalta
Zoster Pr.
Phaura I.
Aegilia
Paneus M.
SINUS SARONICUS
Olympus M.
Thoricus
Elaeusa I.
Laurius M.
Helena I.
Sunium Pr.
Aegina
AEGINA
Panhellenius M.
Pelopis Iae
Pityonesus
Peninsula Methana
Phorbas M.
30'
24
38
30